História & Música
História cultural da música popular

HISTÓRIA &... REFLEXÕES

MARCOS NAPOLITANO

História & Música
História cultural da música popular

3ª edição
Revisada pelo autor

autêntica

Copyright © 2001 by Marcos Napolitano

COORDENADORES DA COLEÇÃO
Eduardo França Paiva
Carla Maria Junho Anastasia

CAPA
Jairo Alvarenga Fonseca (sobre ilustração de Jean-Baptiste Debret, Marimba - La promenade du dimanche après-midi, 1826)

REVISÃO
Rosemara Dias

Todos os direitos reservados pela Autêntica Editora. Nenhuma parte desta publicação poderá ser reproduzida, seja por meios mecânicos, eletrônicos, seja via cópia xerográfica sem a autorização prévia da editora.

AUTÊNTICA EDITORA
Rua Aimorés, 981, 8º andar . Funcionários
30140-071 . Belo Horizonte . MG
Tel: (55 31) 3222 68 19
TELEVENDAS: 0800 283 13 22
www.autenticaeditora.com.br
e-mail: autentica@autenticaeditora.com.br

N216h

Napolitano, Marcos
  História & música – história cultural da música popular / Marcos Napolitano. – 3. ed. – Belo Horizonte : Autêntica, 2005.

  120p. (Coleção História &... Reflexões, 2)
  ISBN 978-85-7526-053-1

  1. Música-história. I. Título. II. Série

CDU 78(091)

SUMÁRIO

Apresentação.. 07

Capítulo I
A constituição de uma forma musical
e de um campo de estudos.............................. 11

Capítulo II
Música e História do Brasil............................. 39

Capítulo III
Para uma história cultural da
música popular.. 77

Conclusão... 109

Referências bibliográficas............................. 113

APRESENTAÇÃO

A música, sobretudo a chamada "música popular", ocupa no Brasil um lugar privilegiado na história sociocultural, lugar de mediações, fusões, encontros de diversas etnias, classes e regiões que formam o nosso grande mosaico nacional. Além disso, a música tem sido, ao menos em boa parte do século XX, a tradutora dos nossos dilemas nacionais e veículo de nossas utopias sociais. Para completar, ela conseguiu, ao menos nos últimos quarenta anos, atingir um grau de reconhecimento cultural que encontra poucos paralelos no mundo ocidental. Portanto, arrisco dizer que o Brasil, sem dúvida uma das grandes usinas sonoras do planeta, é um lugar privilegiado não apenas para *ouvir* música, mas também para *pensar* a música. Não só a música brasileira, no sentido estrito, mas a partir de uma mirada local, é possível pensar ou repensar o mapa mundi da música ocidental, sobretudo este objeto-não-identificado chamado de "música popular". Ao contrário de um certo senso comum no meio acadêmico, neste caso ser brasileiro e pensar em português é uma vantagem. E digo isso sem nenhum tipo de nacionalismo xenófobo, como ficará provado ao longo deste livro, amplamente voltado para a leitura atenta e crítica de autores estrangeiros.

    A história, no seu frenesi contemporâneo por novos objetos e novas fontes, tem se debruçado sobre o fenômeno da música popular. Mas esse namoro é recente, ao menos no Brasil. A música popular se tornou um tema presente nos programas de pós-graduação, sistematicamente, só a partir do final dos anos 70, sendo que o *boom* de pesquisas, no Brasil, ocorreu a partir do final dos anos 80. Apesar da presença constante do tema nos trabalhos acadêmicos, há muito o que discutir, debater, investigar. Chegamos num momento, nesta virada de século, em que não se pode mais reproduzir certos vícios de abordagem da música popular, sob o risco de não ser integrado ao debate nacional e internacional. Em minha opinião, esses vícios podem ser resumidos na operação analítica, ainda presente em alguns trabalhos, que fragmenta este objeto sociológica e culturalmente complexo, analisando "letra" separada da "música", "contexto" separado da "obra", "autor" separado da "sociedade", "estética" separada da "ideologia". Além disso, outro vício comum da história tradicional, qual seja, um certo viés evolucionista para pensar a cultura e a arte, é totalmente descartado neste livro. Minha perspectiva aponta para a necessidade de compreendermos as várias manifestações e estilos musicais dentro da sua época, da cena musical na qual está inserida, sem consagrar e reproduzir hierarquias de valores herdadas ou transformar o gosto pessoal em medida para a crítica histórica. Assim, este pequeno livro tenta ser uma introdução às novas formas teórico-metodológicas e historiográficas que vêm sendo usadas dentro do campo dos estudos musicais, cuja marca é não hierarquizar questões sociais, econômicas, estéticas, culturais, mas articulá-las de modo a valorizar a complexidade do objeto estudado. Obviamente, por formação e limite, escolhemos o viés disciplinar da história na tentativa de contribuir para o estado geral da arte.

Mas a abordagem deste livro não é disciplinar, no sentido de enfocar o tema a partir do campo historiográfico, única e tão somente. A música, e os próprios musicólogos o reconhecem, torna-se tanto mais compreensível quanto mais forem os focos de luz sobre ela. Focos que devem ter origem em várias Ciências Humanas, como a sociologia, a antropologia, a crítica literária, a comunicação social, os estudos culturais como um todo. Ao mesmo tempo, não é possível pensar a gama de abordagens mais atuais, sem adensar a contribuição de autores clássicos, como Theodor Adorno ou Mário de Andrade. Em suma, o caráter deste livro é um tanto quanto interdisciplinar e, ao mesmo tempo, sintético. Todos os três capítulos foram pensados como sínteses iniciais e formativas, tentando respeitar, na medida do possível, o grau de complexidade do tema em questão.

No capítulo 1, tentei sintetizar o corpo de textos básicos, elaborados por Adorno entre os anos 30 e 40, pois não é exagero afirmar que boa parte dos estudos sobre música popular (i.e. música-comercial-urbana) parte deles. Na seqüência aponto para as abordagens mais recentes, oriundas da tradição anglo-americana, que vêm dando uma grande contribuição teórico-metodológica e se constituem em uma espécie de contraponto às idéias adornianas. O objetivo geral do capítulo é demonstrar que o campo de estudos sobre a música popular e a forma musical em questão construíramse quase que paralelamente, ao longo do século XX, alimentando-se de maneira dialética.

No capítulo 2, proponho uma outra síntese, desta vez mais propriamente histórica, analisando as diversas vertentes musicais e culturais que construíram a música popular brasileira, em suas diversas formas, gêneros e estilos. Minha idéia central é a de que a música brasileira adensou heranças estéticas e culturais complexas, potencializando o fenômeno da mediação cultural na mesma proporção em que foi galgando reconhecimento e ocupando circuitos socioculturais cada vez mais valorizados.

Finalmente, no capítulo 3, pretensiosa e provocativamente intitulado "para uma história cultural da música popular", ousei sintetizar uma gama de questões metodológicas, temáticas e heurísticas que podem ajudar a estabelecer uma base mínima para os estudos musicais no Brasil, de caráter mais historiográfico. Tenho consciência que esta síntese é uma empreitada arriscada, ainda mais dentro de um livro de dimensões reduzidas, mas espero apenas que seja um acorde inicial instigante e prazeroso que ajude o jovem pesquisador apaixonado a se transformar num jovem pesquisador apaixonado *e crítico*.

Afinal, todo pesquisador, jovem ou experiente, é um pouco fã do seu objeto de pesquisa. Em se tratando de música, essa relação deliciosamente perigosa se multiplica por mil.

CAPÍTULO I

A constituição de uma forma musical e de um campo de estudos

As duas músicas populares do ocidente

"Se você tiver uma boa idéia, é melhor fazer uma canção", já disse um famoso compositor brasileiro. Mas além de ser veículo para uma boa idéia, a canção (e a música popular como um todo) também ajuda a pensar a sociedade e a história. A música não é apenas "boa para ouvir", mas também é "boa para pensar". O desafio básico de todo pesquisador que se propõe a pensar a música popular, do crítico mais ranzinza até o mais indulgente "fã-pesquisador", é sistematizar uma abordagem que faça jus a estas duas facetas da experiência musical. Este é um dos objetivos deste trabalho.

Aquilo que hoje chamamos de música popular, em seu sentido amplo, e, particularmente, o que chamamos "canção" é um produto do século XX. Ao menos sua forma "fonográfica", com seu padrão de 32 compassos, adaptada a um mercado urbano e intimamente ligada à busca de excitação corporal (música para dançar) e emocional (música para chorar, de dor ou alegria...). A música popular urbana reuniu uma série de elementos musicais, poéticos e *performáticos* da música erudita (o *lied*, a *chançon*, árias de ópera, *bel canto*, corais etc.), da música "folclórica" (danças dramáticas camponesas, narrativas orais, cantos de trabalho, jogos de linguagem e quadrinhas cognitivas e morais e do cancioneiro "interessado" do século XVIII e XIX (músicas religiosas ou revolucionárias, por exemplo). Sua gênese, no final do século XIX e início do século XX, está intimamente ligada à urbanização e ao surgimento das classes populares e médias urbanas. Esta nova estrutura socioeconômica, produto do capitalismo monopolista, fez com que o interesse por um tipo de música, intimamente ligada à vida cultural e ao lazer urbanos, aumentasse. A música popular se consolidou na forma de uma peça instrumental ou cantada, disseminada por um suporte escrito-gravado (partitura/fonograma) ou como parte de espetáculo de apelo popular, como a opereta e o *music-hall* (e suas variáveis). A estas duas formas de consumo de música popular, que se firmaram entre 1890 e 1910 (CLARKE, 1995), não podemos esquecer uma função social básica que a música sempre desempenhou: a dança. Elemento catalisador de reuniões coletivas, voltadas para a dança, desde os empertigados salões vienenses ao mais popularesco "arrasta-pé", passando pelos saraus familiares e pelos não tão familiares bordéis de cais-de-porto, a música popular alimentou (e foi alimentada) pelas danças de salão.

Portanto, as relações *entre* música popular e história, assim como a história *da* música popular no Ocidente, devem ser pensadas dentro da esfera musical como um todo, sem as velhas dicotomias "erudito" *versus* "popular".

Richard Middleton (1990) esboça uma história da música ocidental, destacando três momentos de mudança profunda neste campo:

1) o momento da "revolução burguesa", que estimulou a criação de editores musicais, promotores de concertos, proprietários de teatros e casas de concerto público. O gosto burguês na música tem seu auge por volta de 1850, com o predomínio de formas musicais sinfônicas e valores culturais consagrados: banimento da "música de rua", canções políticas circunscritas a enclaves operários, vanguarda marginalizada ou assimilada (MIDDLETON, 1990). Michael Chanan, por sua vez, defende que só é possível entender a história da música

ocidental se situarmos o músico, erudito e popular, na esfera pública burguesa como um todo, dentro da qual se desenvolve as facetas mercantil e estética da experiência musical e as relações socioculturais com os vários tipos de audiência (CHANAN, 1999).

2) Por volta de 1890, o panorama começou a mudar, com o nascimento da "cultura de massa" e as novas estruturas monopolísticas tomando conta do mercado. O resultado é o impacto do *ragtime, jazz, Tin Pan Alley* (quarteirões que concentravam os editores musicais em Nova York e que se tornaram sinônimo de um tipo de canção romântica), novas formas de dança e espetáculos (*music-hall*). No contexto da I Guerra tornou-se evidente a existência de um sistema de editoria musical centralizada (*Tin Pan Alley* em Nova York e *Denmark Street* em Londres). Paralelamente, ocorre o desenvolvimento rápido das indústrias de gramofones (Victor-EUA e Gramophone Co., UK). A estabilidade deste período se dá entre 1920-1940, com o predomínio da forma canção e de gêneros dançantes já configurados como tal (*foxtrot*, *swing*, tango).

3) O terceiro momento de "crise" e mudança na música popular, vem depois da II Guerra mundial, com o advento do *rock'n roll* e da cultura *pop*, como um todo. O *jazz* também sofre mudanças (*BeBop, Free Jazz* etc.). A experiência musical é o espaço de um exercício de "liberdade" criativa e de comportamento, ao mesmo tempo em que se busca a "autenticidade" das formas culturais e musicais, categorias importantes para entender a rebelião de setores jovens, sobretudo oriundos das classes trabalhadoras inglesas ou da baixa classe média americana.

Essa linha histórica ainda é muito panorâmica e linear e deve ser repensada antes de ser aplicada em realidades diferenciadas, como a América Latina. Neste continente, as transculturações e as diversas temporalidades históricas em jogo na formação das sociedades nacionais ("modernas" e "arcaicas", ao mesmo tempo), formando complexos culturais híbridos (CANCLINI, 1998), não permitem análises excessivamente lineares, tomadas do modelo histórico europeu. Como conseqüência do caráter híbrido de nossas culturas nacionais, os planos "culto" e "popular", "hegemônico" e "vanguardista", "folclórico" e "comercial" freqüentemente interagem de uma maneira diferente em relação à história européia, quase sempre tomada como modelo para as discussões sobre a história da cultura e da arte.

Portanto, em linhas gerais, o que se chama de "música popular" emergiu do sistema musical ocidental tal como foi consagrado pela burguesia no início do século XIX, e a dicotomia "popular" e "erudito" nasceu mais em função das próprias tensões sociais e lutas culturais da sociedade burguesa do que por um desenvolvimento "natural" do gosto coletivo, em torno de formas musicais fixas. A questão da música popular deve ser entendida e analisada dentro do campo musical como um todo, vista como uma tendência ativa (e não derivada e menor) deste campo (MIDDLETON, 1997, p. 7). Esta me parece uma premissa importante que deve nortear os trabalhos sobre música popular, principalmente na área de história e sociologia. Deve-se buscar a superação das dicotomias e hierarquias musicais consagradas (erudito *versus* popular) não para "elevar" e "defender" a música popular diante da música erudita, mas para analisar as próprias estratégias e dinâmicas na definição de uma e outra, conforme a realidade histórica e social em questão.

Estas considerações históricas são fundamentais para entendermos os diversos sentidos da expressão "música popular". Richard Middleton (1997, p. 4) aponta para quatro categorias a partir das quais o "popular" tem sido definido:

1) *Definições normativas*: música "popular" como inferior (caso de Theodor Adorno, que veremos adiante).

2) *Definições negativas*: música popular definida por aquilo que ela NÃO É (folclórica ou "artística/erudita").

3) *Definições sociológicas*: nesta linha, a música popular estaria associada a (ou produzida por) grupos sociais específicos.

4) *Definições tecnológicas/econômicas*: música popular como produto exclusivo dos *mass media*, disseminada no grande mercado.

O próprio autor considera todas as formas de definição listadas como sendo insatisfatórias e incompletas e só podem ser válidas se entrecruzarmos as definições com o contexto histórico e o sistema cultural específico que está em questão.

Vamos ao resumo da ópera até aqui: tendo como ponto de partida as três formas básicas de experiência musical moderna – a audiência/execução isolada, o espetáculo dramático-musical e as reuniões de dança – formou-se uma nova linguagem musical, conhecida, às vezes de forma pejorativa, como "música popular", filha direta da "música ligeira" (música leve) do século XIX, mas sem o *status* coadjuvante que esta adquiriu no campo musical erudito.

Portanto, a música "popular" permaneceu como uma filha bastarda da grande família musical do Ocidente, e só a partir dos anos 60 passou a ser levada a sério, não apenas como veículo de expressão artística, mas também como objeto de reflexão acadêmica. A música popular nasceu bastarda e rejeitada por todos os campos que lhe emprestaram seus elementos formais: para os adeptos da música erudita e seus críticos especializados, a música popular expressava uma dupla decadência: a do compositor, permitindo que qualquer compositor medíocre fizesse sucesso junto ao público, e do próprio ouvinte, que se submetia a fórmulas impostas por interesses comerciais, cada vez mais restritivas à liberdade de criação dos verdadeiros compositores. Além de tudo, conforme os críticos eruditos, a música popular trabalhava com os restos da música erudita e, sobretudo no plano harmônico-melódico, era simplória e repetitiva. Para os estudiosos do folclore (que muitas vezes pertenciam ao campo erudito, como Mário de Andrade no Brasil e Bela Bartok na Hungria), a música popular urbana, com seus gêneros dançantes ou cancionistas, representava a perda de um estado de pureza sociológica, étnica e estética que, na visão dos folcloristas, só a música "camponesa" ou "semirural" poderia ter. Conforme os críticos mais rigorosos, a música urbana comercial não servia nem mesmo como base para uma pesquisa musical que fundamentasse uma obra erudita, na medida em que nascia corrompida pelas modas internacionais sem rosto, impostas por um gosto vulgar e sem identidade. Enfim, na crítica dos eruditos e folcloristas, a música popular era expressão de uma decadência musical: por um lado, ela não honrava as conquistas musicais da grande música ocidental e suas formas sofisticadas, musicalmente complexas, devidamente chanceladas pelo gosto burguês (concertos, sinfonias, sonatas, óperas, música de câmara etc.). Por outro, ela corrompia a herança popular "autêntica" e "espontânea", com seu comercialismo fácil e sua mistura sem critérios de várias tradições e gêneros.

Apesar de combatida pelos críticos mais exigentes, a música popular, cantada ou instrumental, se firmou no gosto das novas camadas urbanas, seja nos extratos médios da população, seja nas classes trabalhadoras, que cresciam vertiginosamente com a nova expansão industrial na virada do século XIX para o século XX.

Neste ponto temos que separar a experiência musical popular européia e americana (leia-se, as três Américas). Na Europa, o gosto musical das camadas da pequena burguesia e das classes trabalhadoras não era, na sua essência, diferenciado. Normalmente, se compartilhava a preferência por cançonetas românticas, óperas e operetas, formas dançantes mais disseminadas na vida social como um todo, como as polcas e as valsas.

O peso do sistema musical erudito e a imposição dos valores e da sociabilidade burguesa davam o tom da esfera musical popular, apesar das apropriações específicas de cada camada social. A performance vocal, as formas musicais e o acompanhamento instrumental eram, muitas vezes, simulacros da experiência musical erudita. No plano da canção, a música popular européia desenvolveu gêneros e estilos que davam prioridade para a estrutura harmônico-melódica, evitando a marcação rítmica acentuada. Os grandes estilos e gêneros que estão na base da música popular européia (o *music-hall* inglês, a *chanson* francesa, a *canzione* napolitana, o fado português) são os melhores exemplos. O caso da música espanhola (mais especificamente, a música flamenca), com seu ritmo irregular servindo de base para a performance de cantores, dançarinos e instrumentistas, é um dos poucos exemplos de uma música tradicional européia acentuadamente rítmica que chegou ao século XX, devidamente reconfigurada para as novas audiências da música popular urbana. Apesar desta tendência "melódico-sinfônico-operística", que fica mais clara no final do século XIX, não podemos esquecer as danças de salão que saíram da Europa na década de 1840 e se tornaram uma febre mundial, como a valsa, a polca, a mazurca e o *schottish*, tão importantes para a história da música brasileira, por exemplo.

Nas Américas, num primeiro momento, a música popular incorporou formas e valores musicais europeus. O *bel canto*, a sonoridade homofônica das cordas, as consonâncias harmônicas "agradáveis", o ritmo suave (mesmo quando voltado para os apelos mais diretos ao corpo e à dança), marcaram os primeiros anos da experiência musical popular. Mas, na medida em que a constituição das novas camadas urbanas, sobretudo os seus estratos mais populares, não obedecia a um padrão étnico unicamente de origem européia (com a grande descendência de grupos negros e indígenas), novas formas musicais foram desenvolvidas, muitas vezes criadas a partir da tradição de povos não-europeus. Alguns dos "gêneros" musicais mais influentes do século XX podem ser analisados sob este prisma: o *jazz* norte-americano, o *son* e a *rumba* cubana, o samba brasileiro, são produtos diretos dos afro-americanos que incorporaram paulatinamente formas e técnicas musicais européias. A *cuenca* chilena, por exemplo, era produto da assimilação de formas musicais indígenas. Já o bolero mexicano e o tango argentino são sínteses originais de várias formas européias (ibéricas), como a *habanera*. O campo musical popular desenvolvido nas Américas apontou para uma outra síntese cultural e, guardadas as especificidades nacionais e regionais, consolidou formas musicais vigorosas e fundamentais para a expressão cultural das nacionalidades em processo de afirmação e redefinição de suas bases étnicas. Não é mera coincidência o fato de que os grandes gêneros musicais americanos se consolidaram nas três primeiras décadas do século XX, momento histórico que coincide com a busca de afirmação cultural e política das nações e do reordenamento da sociedade de massas.

A consolidação do campo musical popular expressou novas sociabilidades oriundas da urbanização e da industrialização, novas composições demográficas e étnicas, novos valores nacionalistas, novas formas de progresso técnico e novos conflitos sociais, daí resultantes. Mais do que um produto alienado e alienante, servido para o deleite fácil de massas musicalmente burras e politicamente perigosas, a história da música popular no século XX revela um rico processo de luta e conflito estético e ideológico. Neste processo, os vários elementos que formam a música popular foram tema de discussões (formais e informais), alvo de políticas culturais (estatais ou não), foco de apreciações e apropriações diferentes, objeto de formatações tecnológicas e comerciais. Se na tradição européia, com o sistema musical erudito dominante, este processo já se fazia sentir, nas Américas o lugar social da música popular e a fragilidade do sistema de música erudita tornaram-no mais complexo e, ao mesmo tempo, mais rico, na medida em que a música popular atraía alguns músicos muito talentosos e desgarrados de suas vocações eruditas e elitistas. Nos diversos países das Américas, no processo de afirmação da música popular nacional e da música erudita "nacionalista", não só o mundo erudito buscou suas inspirações no popular (o choro para Villa Lobos, o *blues* para Gershwin), mas também o mundo da música popular se favoreceu pelo entrecruzamento menos delimitado de tradições e universos de escuta.

Assim, ao longo das décadas de 20 e 30, assistimos à consolidação histórica de um campo "musical-popular". Alguns fatores, tecnológicos e comerciais, foram fundamentais para a consolidação deste processo, sobretudo as inovações no processo de registro fonográfico, como a invenção da gravação elétrica (1927), a expansão da radiofonia comercial (no Brasil, 1931-1933) e o desenvolvimento do cinema sonoro (1928-1933). A partir destes três veículos, a linha evolutiva do *music-hall-Tin Pan Alley-Brodway-Hollywood*, dominante no mercado norte-americano e, em seguida, no mercado internacional, vai se diversificando, tornando-se mais plural. Nasciam os gêneros musicais modernos, que marcaram o século XX. Nos EUA ocorre a afirmação do *jazz*, primeiramente adaptado para o consumo dos brancos e, posteriormente, retomando suas raízes negras. No Brasil, o samba transformou-se em sinônimo de música "tipicamente" brasileira. Na Argentina, o tango, já nos anos 20, transformou-se numa febre mundial, depois de um longo processo de formatação musical que remonta a meados do século XIX. Na América Latina, a rumba (logo incorporada por Hollywood como sinônimo caricaturizado de "latinidade") e o "bolero" cubano-mexicano experimentam uma enorme expansão, sobretudo entre os anos 30 e 50, impulsionados pela fase áurea do cinema mexicano. Em outras palavras, o modelo da canção, cujo tratamento orquestral e vocal seguia os padrões mais diretamente derivados dos padrões da música erudita, foi confrontado com outro modelo, que se pautava pela acentuação de uma determinada célula "rítmica" e pelo andamento mais rápido, voltado para a dança. Em alguns casos, para escândalo dos críticos mais puristas, estes padrões rítmicos eram reforçados por timbres de instrumentos de percussão (como na música cubana e brasileira), cujo apelo ao êxtase corporal era ainda mais forte. Mário de Andrade, por exemplo, não tinha muita simpatia pela idéia da síncopa "selvagem" incorporada à música erudita.

Dos modelos da música ligeira européia do século XIX para os novos padrões da música popular americana do século XX, muitas mudanças podem ser percebidas. O ternário da valsa e o binário "quadrado" da polca foram perturbados por soluções rítmicas mais complexas e subdivididas, chegando em alguns casos numa verdadeira polirritmia. A voz educada e comportada do bel-canto, solene e afetado, logo sofreu uma variação considerável, nascendo um tipo de intérprete vocal mais natural e sutil, perfeitamente adaptado às novas condições técnicas do microfone, como, por exemplo, Bing Crosby e Billie Holliday nos EUA, Orlando Silva e Carmen Miranda, no Brasil, entre outros. O acompanhamento pesado e homofônico do naipe de cordas ou dos metais logo se encaminhou para uma solução mais polifônica (ou seja, que continha muitas linhas melódicas em diálogo numa mesma canção), como nas *jazz-bands* (cada vez mais *jazz* e menos *bands*) e nos regionais de choro, no Brasil. Essa mistura trazia ecos da tradição barroca e da escola impressionista, num outro tipo de diálogo com a tradição "erudita", de matiz menos sinfônica e mais camerística. Obviamente, não se trata de duas "linhas evolutivas" estanques, tampouco de campos culturais e musicais isolados e autocentrados (erudito, popular-comercial e folclórico). O mundo da música popular, tal como ele se apresentava aos olhos de um observador mais atento dos anos 20 e 30, era um mundo complexo, de ampla penetração sociológica e cultural, mas ao mesmo tempo cada vez mais ligado ao grande negócio industrial que estava se formando a partir da música, com todo seu aparato tecnológico.

Justamente o choque entre os valores musicais eruditos de um legítimo representante de um sistema filosófico e estético-cultural plenamente institucionalizado e firme em seus juízos e a nova realidade da experiência musical-popular na América, irá produzir a primeira reflexão acadêmica mais sistematizada sobre a música popular comercial-urbana, sintetizada nas reflexões seminais de Theodor Adorno. A longa maturação da forma-canção e dos gêneros dançantes, bases da música popular comercial e urbana, teve sua conclusão entre os anos 20 e 30, no mesmo momento em que o jovem filósofo alemão iniciava suas reflexões sobre as conseqüências estéticas e sociológicas da industrialização da arte.

Adorno e a música popular

O "pai dos estudos" em música popular, ironicamente, detestava este tipo de expressão musical, baseada na forma-canção voltada para a dança ou para a expressão sentimentalista das massas. Até ele, as reflexões sobre a música popular ou eram apologéticas, feitas por cronistas nacionalistas, ou eram críticas e até desqualificantes, mas com base na comparação com o "folclore" de origem camponesa.

Esse desgosto de Adorno com a música popular comercial não pode ser explicado apenas por uma questão de idiossincrasia e gosto pessoal. A questão era que Adorno vislumbrava a música popular como a realização mais perfeita da ideologia do capitalismo monopolista: indústria travestida em arte. Apesar disso, mesmo com seu azedume intelectual (e devido a ele), Adorno revelou um objeto novo e sua abordagem permanece instigante, embora sistêmica, generalizante e normativa.

Normalmente, a leitura dos textos sobre música popular de Adorno ou provocam uma adesão em bloco às suas idéias, ou provocam desconforto naqueles que o vêem como "pessimista" e "elitista". Na área de Estudos Culturais, no mundo anglo-saxônico e em alguns autores latino-americanos (ORTIZ, 1988, BARBERO, 1997), predomina esta última visão. Mas, é preciso ler Adorno numa perspectiva histórica e sem a pretensão de "rever" os seus conceitos ou avaliar sua eficácia teórica e analítica. As questões levantadas por ele nos ajudam a propor problemáticas que, cotejadas com processos sociais objetivos e específicos, fundamentam problemáticas importantes para entender os dilemas e possibilidades da música popular nas sociedades capitalistas. Portanto, não se trata de rever o conceito de "indústria cultural", por exemplo, com base em estudos empíricos ou reflexões sobre casos isolados ou de contrapor, de forma simplista, um certo "otimismo" intelectual ao "pessimismo" adorniano. As perspectivas de Adorno se inserem num movimento interno do seu sistema filosófico, e, até por ser autocentrado, não se presta facilmente a exames superficiais ou ataques a partir de estudos empíricos. O fato é que todas as polêmicas em torno do filósofo alemão, e seu conceito fundamental de "indústria cultural", revelam o quanto o pensamento adorniano ainda marca aqueles que se propõem a pensar a música e, principalmente, a música popular.

Adorno desenvolveu suas posições teóricas básicas entre meados dos anos 30 e o fim da década de 40. Os textos determinantes para sua reflexão sobre "indústria cultural" e música popular, mais lidos e comentados nos estudos culturais e musicais brasileiro, latino-americano e anglo-saxão, cobrem um período que vai de 1936 a 1947. Portanto, coincidem com o período de exílio do filósofo, primeiro na Inglaterra, onde lecionou em Oxford (1933-1938), e depois nos EUA (1938-1950). Não estou sugerindo qualquer fundamentação psicologizante para explicar o "pessimismo" adorniano. O que importa é entender as reflexões de Adorno, sobre a música popular, como o resultado de um choque (epistemológico, ideológico e cognitivo) que opôs sua formação intelectual, situada dentro do rígido sistema filosófico e cultural alemão, de cunho altamente idealista, com a nova realidade da sociedade de massas e da mercantilização da cultura, bastante avançada nas sociedades inglesa e norte-americana. Além disso, Adorno tentava negar, veementemente, o novo lugar assumido pela música, sobretudo nas sociedades americanas. Para ele, esse "lugar social" da música implicava na morte da livre experiência individual, da contemplação estética, numa relação com a arte próxima ao culto religioso. Mas, paradoxalmente, ao construir uma reflexão arguta e profundamente crítica para sustentar essa negação, Adorno revelou novas problemáticas (a "indústria cultural") e novos objetos (a especificidade da música comercial produzida em série).

O ideal de subjetividade burguesa, ligado ao projeto iluminista do século XVIII, retomado nas obras de Adorno, não se coadunava com o "homem-massa" moderno. Pior ainda, a política cultural do nazismo se apropriava de todo o legado cultural e filosófico alemão, transformando-o em instrumento de alienação e manipulação das massas. Nada restava, portanto, a não ser tentar entender um mundo que, aos olhos de Adorno, parecia de ponta-cabeça: uma grande cultura – a alemã – decaída e usada por uma ideologia totalitária ao lado de um sistema industrial de entretenimento e alienação – o norte-americano – que se fazia passar por "cultura". Auschwitz e Hollywood, para ele, talvez não fossem tão diferentes, pois simbolizavam o fim da idéia de "humanidade" tal qual sonhada pela promessa libertadora da razão iluminista. Adorno se colocava como seu último defensor.

Para introduzir as idéias de Adorno sobre música popular, devemos seguir um conjunto de textos básicos: "Sobre o *jazz*" (1936); "O fetichismo na música e a regressão da audição" (1938) e "Sobre música popular" (1941). As questões levantadas nestes textos básicos serão retomadas, em parte, no grande exame da decadência da cultura e da razão ocidentais, em "A dialética do Esclarecimento" (1947), quando ele sistematiza o conceito de "indústria cultural" (aliás muito citado, mas pouco entendido, principalmente no Brasil). Portanto, qualquer reflexão mais aprofundada sobre a música popular deve começar pelo exame destes textos. Obviamente, foge aos limites deste trabalho uma análise detalhada deles.

"O fetichismo na música e a regressão da audição", na verdade, constitui uma espécie de resposta a um outro texto famoso, escrito por Walter Benjamin, em 1935, intitulado "A obra de arte na era de sua reprodutibilidade técnica". Nele, Benjamim, bolsista do Instituto de Pesquisas Sociais de Frankfurt, defendia a necessidade de criar um novo estatuto para entender a obra de arte na era das massas, da indústria e da tecnologia. Seu paradigma era o cinema e seus conceitos de fruição estética e função social da arte estavam bastante influenciados pelo amigo Bertold Brecht, dramaturgo comunista. Para este, os operários poderiam se conscientizar e edificar o seu "espírito" na mesma medida em que se divertiam. Não havia oposição essencial entre estas duas funções da obra de arte, uma de origem "sagrada" e outra de origem "profana". Para Benjamin, as massas operárias urbanas se relacionavam com a arte sem a perspectiva idealista-metafísica e sem o culto à "aura" da obra, bases da experiência estética burguesa e, portanto, oriundas da classe "dominante e exploradora". O marxismo de Benjamin reconhecia certas virtudes, estéticas e políticas, na obra de arte voltada para o entretenimento e assimilada "distraidamente". O cinema, por exemplo, arte industrial por definição, humanizava a técnica na medida em que era apropriado pelas massas que nele se viam e se reconheciam.

O marxismo de Adorno ia por um outro caminho teórico, tomando para si a defesa do sistema estético hegeliano (contemplativo, racionalista e subjetivante) e do conceito marxista de ideologia e alienação. Estava armado o cenário para a polêmica, para azar de Benjamin que dependia dos pareceres de Adorno para continuar ganhando sua bolsa do Instituto de Frankfurt.

Na sua resposta a Benjamin, Adorno começa por rejeitar o conceito de "gosto" na era das massas. Não havendo mais o conceito clássico de indivíduo, não haveria subjetividade e escolha na experiência social da arte. Não se poderia vislumbrar o "valor de uso" da obra, pois as massas só poderiam reconhecer o seu "valor de troca", socialmente determinado (ADORNO, 1996, p. 66). O consumo musical desprendeu-se do material musical em si; consome-se o sucesso acumulado e reconhecido como tal: "fetichismo musical", consumo de música como mercadoria "autofabricada", apreciada conforme a medida do seu próprio sucesso e não pela assimilação profunda da obra. Por isso, o valor de troca, corolário do ato de consumo, se torna um prazer em si, vazio e alienante. Diz ele:

> Ao invés de entreter a música de entretenimento, contribui ainda mais para o emudecimento dos homens, para a morte da linguagem como expressão, para o fim da comunicação [...] se ninguém mais é capaz de falar realmente, ninguém mais é capaz de ouvir. (ADORNO, 1996, p. 67)

O fetichismo da música, tornada "bem consumível", complementa-se no processo de "regressão de audição". Adorno explica o termo e vale a pena a longa citação:

> Com isto não nos referimos a um regresso do ouvinte a uma fase anterior ao próprio desenvolvimento, nem a um retrocesso no nível coletivo geral [...] o que regrediu e permaneceu num estágio infantil foi a audição moderna. Os ouvintes perdem com a liberdade de escolha e com a responsabilidade não só a capacidade para um conhecimento consciente da música – que sempre constitui prerrogativa de pequenos grupos – mas negam com pertinácia a própria possibilidade de se chegar a um tal conhecimento. Flutuam entre o amplo esquecimento e o repentino reconhecimento, que logo desaparece de novo no esquecimento. Ouvem de maneira atomística e dissociam o que ouviram, porém desenvolvem,

precisa-mente na dissociação, certas capacidades que
são mais compreensíveis em termos de futebol e auto-
mobilismo do que com os conceitos de estética tradicional [...] Regressivo é, contudo, também o papel que
desempenha a atual música de massas na psicologia
das suas vítimas. Estes ouvintes não somente são des-
viados do que é mais importante, mas confirmados em
sua necessidade neurótica [...] juntamente com o es-
porte e o cinema, a música de massas e o novo tipo de
audição contribuem para tornar impossível o abando-
no da situação infantil geral. (ADORNO, 1996, p. 89)

Nesse ponto, Adorno atacava o conceito central da estética benjaminiana:

O modo de comportamento perceptivo, através do qual
se prepara o esquecer e o rápido recordar da música de
massas, é a desconcentração. Se os produtos normali-
zados [...] não permitem uma audição concentrada sem
se tornarem insuportáveis para os ouvintes, estes, por
sua vez, já não são absolutamente capazes de uma audição concentrada. (ADORNO, 1996, p. 92)

Uma leitura superficial dos textos de Adorno pode fazer
crer que ele atacava a "música popular comercial" e defendia
a chamada música erudita. Mas essa é uma leitura errada. Ele
via na esfera da música erudita, cultuada pela burguesia do
século XX, também uma música fetichizada, arvorando-se
como portadora de "valores culturais elevados", mas que também eram regressivos na medida em que funcionavam apenas
como valor de troca, só que na "alta sociedade". A forma pela
qual o século XX ouvia Beethoven, na opinião de Adorno, era
tão alienada e fetichizada quanto a audição massificada do *hit*
do momento.

No texto de 1941, intitulado "Sobre música popular", Adorno aprofundou sua crítica e afirmou que a "estandardização"
é a "característica fundamental de toda música popular". A

padronização industrial, para Adorno, seria diferente de "padrões estruturais rígidos" que sempre regraram a arte (a forma-soneto, a forma-sinfonia etc...). Uma das conseqüências mais sérias da padronização musical era que o ouvinte ficava inclinado a ter reações mais fortes para a "parte" do que para o "todo" da obra. Neste texto, Adorno reitera que, na sua concepção, a diferença entre a "música séria" e a "música popular" vai além da relação "simples *versus* complexo" ou "ingênuo *versus* sofisticado". O problema central, para ele, é o conflito entre "padronização/não-padronização" (ADORNO, 1994, p.120). O ouvinte quer o simples, o conhecido, a parte que lhe agrada. A criação musical inovadora fica bloqueada, na medida em que as agências de comercialização da música querem apenas a fórmula.

Adorno procura aprofundar o processo de "estandardização" dizendo que ela era socialmente imposta através de uma relação baseada em duas demandas por parte do sistema comercial: a busca de estímulos (emocionais e corpóreos) que provoquem a atenção do ouvinte e a busca de materiais sonoros que recaiam dentro da música "natural" (aquela que o ouvinte leigo está historicamente acostumado e lhe parece intrínseca à própria música; em outras palavras, o sistema musical tonal do ocidente, erigido entre os séculos XVII e XIX).

Em conseqüência disso, o "gosto" e a "livre-escolha" seriam apenas categorias ideológicas, pura "ilusão de subjetividade", produzidas pela indústria cultural através de estratégias de "rotulação" do produto musical, que providencia marcas comerciais de identificação para diferenciar algo que de fato era indiferenciado, e pelo "mecanismo de repetição" do *hit parade*, que envolve o ouvinte e lhe quebra a resistência ao sempre igual (ADORNO, 1994, p. 125). Operações puramente comerciais ("marqueteiras", diríamos hoje), e o *star-system* que promovia os artistas, independente do seu talento, completavam a esfera da música popular.

Para Adorno, a estrutura mental que sustenta a música popular e que, por outro lado, ela reproduzia é simultaneamente uma estrutura de "distração e desatenção". Distração, ao contrário de Brecht/Benjamin, não se articulava a uma outra experiência estética, mas a uma situação social de alienação (diferente, para Adorno, de relaxamento psicológico individual). Adorno concluía seu texto de uma maneira que hoje poderia ser considerada puro preconceito, ao afirmar que as massas operárias não poderiam ter experiência estética "plenamente concentrada e consciente da arte que só é possível para aqueles cujas vidas não colocam um tal stress" (ADORNO, 1994, p. 136). Não sendo "experiência estética", a música popular desempenharia uma função alienante, que se reproduzia em dois modos: pela "obediência rítmica" (coletivismo massificante e autoritário, incluindo tanto a marcha quanto a dança) e pelo "efeito emocional" (catarse, "alívio temporário de quem se sabe infeliz ou permissão para chorar").

Todas estas considerações serão aprofundadas na "Dialética do esclarecimento" (1947), que aponta não só para uma crítica cultural radical, mas também para uma crítica ao próprio sistema de conhecimento, transmutado em razão instrumental e alienante, apesar de sua linguagem científica. A cultura deixava de ser a esfera de recriação das consciências sobre o mundo e tornava-se um complemento da ideologia do capitalismo monopolista, reproduzindo o sistema ideológico, independente do conteúdo da obra "consumida".

Estas posições, bastante contundentes, que se tornaram a base do pensamento adorniano, foram até matizadas em alguns pequenos textos posteriores, mas que não tiveram a abrangência e a contundência dos anteriores.

Os estudos musicais pós-adornianos

Num primeiro momento (anos 50 e 60), a revisão das teses de Adorno deu origem a uma tentativa de separar dois tipos de "ouvintes": o ouvinte tipicamente definido por Adorno como "regressivo", "solitário no quarto e perdido na multidão", alienado e passivo; o ouvinte ativo, participante e consciente das suas escolhas estéticas e ideológicas, voltadas para a crítica ao "sistema".

Esta última abordagem deu origem a duas vertentes de estudos, nas décadas de 50 e 60, ambas privilegiando a audiência jovem (o "*teenager*" dos anos 50 e a "juventude" dos anos 60). Uma das primeiras abordagens do problema foi desenvolvida por David Riesman, que enfatizou duas formas de "ouvir" música popular: a da maioria – passivos, manipulados pela indústria do disco, adeptos de modismos – contraposta à da "minoria ativa" – mais críticos, rebeldes e questionadores. (RIESMAN, 1990). Riesman procura matizar as teorias de Adorno (ouvinte alienado e manipulado) e acaba preparando o terreno para uma outra vertente, representada pelos teóricos das "subculturas". Stuart Hall e Paddy Whannel, em 1964, desenvolveram o conceito, enfatizando os grupos minoritários que se autodenominavam "geração jovem", identificados como uma "minoria criativa", questionadores das convenções sociais e da moralidade burguesa (os autores estavam estudando a sociabilidade em torno da música *pop* inglesa). O conceito de "subcultura" combinava novas atitudes, comportamentos sociais e valores sexuais, ligando este complexo a várias expressões de radicalismo "anti-*establishment*" que, por sua vez, estavam diretamente conectadas com o consumo musical, particularmente com o *folk, blues e rock music*. Os autores sublinham a existência de uma tensão constante entre os provedores musicais (indústria) e as respostas e interpretações das audiências (ligadas às subculturas radicais).

Os estudos a partir do tema da subcultura têm sido um dos mais fecundos para a abordagem da música popular, ligando a escolha e o gosto musical a complexos socioculturais e sociopolíticos mais amplos. Nesta linha de abordagem, muito presente também na crítica musical, as respostas comportamentais e estéticas das subculturas jovens geralmente se ligam a situações de subordinação de classe, ritualizando e estilizando a crítica ao mundo hegemônico (ao invés de optar pela participação política convencional). Estes conceitos apresentam uma nítida influência dos estudos sobre a "esfera pública plebéia", desenvolvidos por Raymond Williams nos anos 50 (WILLIAMS, 1970). Para ele, a experiência cultural das classes trabalhadoras deveria ser analisada sob outra perspectiva e não derivada dos valores e princípios da "esfera pública burguesa".

A abordagem da "teoria das subculturas", apesar dos matizes, tenta tornar menos generalizante o princípio adorniano da alienação das massas, mas, num certo sentido, mantém o viés elitista do filósofo. A teoria da subcultura sugere a desqualificação das práticas de audição da maior parte dos ouvintes de música popular, que estão fora dos padrões sociológicos da subcultura. Além disso, o *mainstream* musical (gêneros dominantes no mercado) mantido, em parte, pelos interesses da indústria, tem tido uma grande influência no gosto musical das "subculturas", mais do que se pensa. Além disso, outra crítica à teoria das subculturas vem da sociologia dos anos 90, bastante influenciada pela antropologia. Nesta abordagem procura-se analisar em que medida "os textos culturais também constroem os grupos sociais" e não são apenas veículos neutros para identidades pré-existentes e estruturalmente determinadas (NEGUS, 1999, p. 24).

Nos anos 90, o conceito de "cena musical" (STRAW, 1991) tentou criar uma alternativa à ideia de pensar o consumo musical a partir da teoria das "subculturas". Para Will Straw, esse conceito não caracteriza uma comunidade musical e sociológica (como na teoria das subculturas). A cena musical seria "um espaço cultural no qual um leque de práticas musicais coexistem, interagem umas com as outras dentro de uma variedade de processos de diferenciação, de acordo com uma ampla variedade de trajetórias e interinfluências (*apud* NEGUS, 1999, p. 22). A "cena musical" não indicaria uma cultura de oposição "ao sistema", e não emergeria, necessariamente, de um grupo ou classe particular, traduzindo várias coalizões e alianças, ativamente criadas e mantidas (NEGUS, p. 23). Para os adeptos da pós-modernidade eclética, o conceito de "cena musical" tem sido muito utilizado para dar conta da multiplicidade de comportamentos e estilos musicais, sobretudo a partir dos anos 80.

O próprio conceito de audiência deve ser redefinido e ampliado para dar conta de várias questões complexas: a) o consumo e a escuta musical como elementos de formação dos próprios músicos profissionais e amadores, que compõem a cena musical; b) a diversidade sociológica, escolar, etária, étnica da audiência, que vai muito além dos "grupos jovens" priorizados nos estudos sociológicos; c) o ecletismo presente no próprio gosto musical dos indivíduos e as diversas situações sociais e os diversos meios envolvidos na recepção de uma obra musical.

Outros autores enfatizam que a música, bem como os produtos culturais como um todo, não estão ligados, organicamente, a esta ou aquela classe ou grupo social. O que ocorre é uma apropriação, cujo processo contém em si as posições sociológicas e as contradições políticas e econômicas que perpassam uma sociedade. Por exemplo, no século XIX, as classes populares se apropriaram de árias de óperas, originalmente produzidas dentro da linguagem da cultura burguesa, enquanto as classes altas se apropriaram da valsa, derivada de formas populares de dança. Richard Middleton, por exemplo, defende a abordagem do problema da recepção e da audiência musicais através do "princípio de articulação". Este princípio, baseado nas reflexões de Antonio Gramsci sobre a cultura, defende que "os elementos da cultura não são exclusivamente ligados a fatores especificamente econômicos, como a 'posição de classe' ocupada pelo indivíduo e pelo grupo em questão. Eles seriam determinados, em última instância, por estes fatores através de princípios articuladores, cujas operações estão ligadas às posições de classe, mas não se reduzem a elas. Estas operações atuam pela combinatória de elementos culturais já existentes dentro de novos padrões ou acoplando novas conotações àqueles elementos" (MIDDLETON, 1997, p. 8). A teoria da "articulação" reconhece a complexidade dos campos culturais e preserva a autonomia relativa dos elementos ideológicos e culturais, e enfatiza que os padrões combinatórios que informam os processos culturais dinâmicos realizam as mediações profundas com as estruturas "objetivas", e que estas mediações se dão a partir do conflito social" (MIDDLETON, 1997, p. 9). Portanto, o documento artístico-cultural é um documento histórico como outro qualquer, na medida em que é produto de uma mediação da experiência histórica subjetiva com as estruturas objetivas da esfera socioeconômica. Os processos de mediação cultural, de natureza diversificada, envolvem as diversas ações de aproximação entre indivíduos ou grupos sociais e as obras da cultura, via produção cultural, meios de comunicação, crítica de arte, ações institucionais (COELHO, 1999).

Conforme esta linha de análise, o sentido das obras musicais é o produto de convenções socioculturais, portanto, não são "efeitos naturais" e intrínsecos à obra musical. Mas estas convenções são tão enraizadas socialmente que tendem a informar a apropriação dos diversos grupos sociais que formam a estrutura de audiência musical em sociedades complexas. Geralmente, o processo de apropriação e construção de sentido para os textos culturais (incluindo a música) está ligado a certas composições e alianças ideológicas e culturais entre os vários grupos e classes sociais, que são continuamente refeitas (MIDDLETON, 1997, p. 12). Entre nós, a idéia de MPB, por exemplo, expressou um momento de aliança social e política entre diversas classes sociais em torno de um ideal de nação, defendida, primordialmente, por setores nacionalistas da esquerda.

Em resumo, o que vemos na sociologia da música popular pós-adorniana é uma tentativa de romper com a visão generalizante lançada pelo filósofo alemão. Neste afã, o risco é cair num certo individualismo metodológico exagerado, desconsiderando determinantes sociológicas e culturais mais amplas, na legítima tentativa de mapear este "buraco negro" da vida musical: o mundo do ouvinte e suas formas de recepção e apropriação da obra.

Outro tema importante que vem sendo revisto pela sociologia da música popular é o tema da indústria fonográfica. Keith Negus afirma que existem algumas abordagens clássicas desta questão (NEGUS, 1999):

a) A indústria cultural adorniana: marcada pela estandardização e pela ilusão da (pseudo) individualidade (Adorno). Sistema que funciona à base de fórmula e padrões rígidos, transformando a música em "bem de consumo". Para a indústria, algumas partes são fundamentais na oferta da obra estandardizada (sobretudo na forma-canção): o título, começo do texto, os primeiros oito compassos do refrão e o fechamento do refrão, o qual, geralmente, é antecipado como mote da introdução. Todas estas partes estimulam o reconhecimento e a passividade por parte do ouvinte, que não é levado a refletir sobre o material musical.

b) A indústria como sistema de controle corporativo e cooptação das formas alternativas de recepção musical (abordagem desenvolvida por CHAPPLE, Steve e GAROFALO, Reebee, 1977): ênfase em como as corporações capitalistas tornam a música popular um bem de consumo. Apesar disso, para os autores, a música manteria seu "potencial" estético e político (como no *rock* dos anos 60, ligado ao radicalismo jovem). A questão é que este "potencial", assim que começa a se transformar em experiência sociocultural significativa, passa a ser controlado/restringido pelas estratégias corporativas em torno da indústria musical. Em suma, "qualquer efeito crítico da música comercial gravada é perdido, absorvido e cooptado pelo sistema comercial". Geralmente, a estratégia de "cooptação" consiste em descontextualizar e despolitizar a música, direcionando-a a uma "massa homogênea de ouvintes" (MANUEL, 1991).

c) A indústria como cadeia "transmissora" do artista para a audiência. Abordagem baseada na teoria organizacional (HIRSCH, 1972), para a qual o sistema seleciona o "material bruto" (musical/sonoro) e organiza o "caos", sendo que cada etapa não só adiciona valor mas contribui para predeterminar o que a audiência vai ouvir (e, em última instância, demandar).

d) A indústria fonográfica entendida a partir da teoria do "campo social". Nesta abordagem, a análise da produção cultural se orienta dentro do "campo social" (BOURDIEU, 1990) mais do que dentro de um sistema linear de "transmissão" e formatação do produto final. Ryan e Peterson (1982) enfatizam a existência de "canais de decisão" dentro da vida musical (escrever, publicar, gravar, divulgar, fabricar, pesquisar o mercado, consumir). Cada escolha feita implica numa mudança do produto musical final. Geralmente, as decisões são tomadas pragmaticamente para manter a "imagem do produto", fazendo com que os trabalhos de rotina e as metas compartilhadas tenham um ponto de convergência, dando uma lógica ao campo. O conflito, neste caso é inerente ao princípio organizacional, e a eficácia das decisões estão diretamente ligadas aos jogos de poder dentro do campo sociológico. Alguns autores matizam este poder absoluto de decisão, usando a imagem da indústria como um grande "quebra-cabeças" nem sempre articulado por uma mesma lógica e não tendo um controle total sobre o produto. Para ele, na medida em que cada peça é adicionada (escolha dos músicos, interpretação, arranjo, mixagem, masterização etc.), o resultado final se modifica. Cada etapa do processo intervém ativamente e modifica o produto (NEGUS, 1999).

Um dos conceitos que mais vem sendo usado para pensar a cultura para além do processo de produção/distribuição dos "produtos" é o de "mediação" para pensar a cultura e a música popular, em particular. Para Keith Negus, certos agentes do processo de criação/socialização da música têm mais peso em alguns contextos sociais e históricos específicos e funcionam como mediadores privilegiados. Nesta visão, os agentes da indústria agem mais por intuição, tentando moldar a audiência à sua própria imagem e gosto, tentando sentir o "pulso" do público, mais do que manipulá-lo no sentido estrito (NEGUS, 1999, p. 61). Neste sentido, o pessoal das corporações funciona mais como "mediador" entre os artistas e a audiência. Mesmo admitindo a relação de exploração e a influência das gravadoras, esta corrente não quer considerá-las como onipotentes no processo produtivo e na experiência da música popular (NEGUS, 1999, p. 64). Na prática, esta abordagem defende a idéia de que a música popular é mediada por tecnologias de transmissão específicas e pelo trabalho de grupos ocupacionais específicos (produtores, DJs, programadores de rádio, jornalistas) exigindo uma abordagem ampla do conceito de "distribuição", vista como um aspecto da "mediação cultural". "Distribuição é uma importante dinâmica e conseqüência do processo de mediação. Portanto, conflitos sobre o sentido das músicas não ocorrem somente durante a produção ou entre as audiências, mas também no entre-lugar entre os dois" (NEGUS, 1999, p. 96). Mesmo reconhecendo que o mercado não é "livre" e "autodeterminado", sendo o produto de estratégias empresariais (facilidades de produção, processos de manufatura, redes de distribuição, elementos dominados pelas grandes gravadoras), o "sentido" e o "uso" dos sons musicais na vida individual e social das pessoas não podem ser completamente determinados, como de resto qualquer produto cultural (DE CERTEAU, 1994).

Apesar de muito simpáticas e dotadas de um otimismo "teórico" comovente, temos que tomar cuidado para não cair num excessivo relativismo das abordagens que privilegiam a "apropriação", "as mediações" etc. que, no limite, podem tornar excessivamente superficial a reflexão sobre o sistema cultural em questão (que varia conforme as sociedades, desconsiderando as várias formas objetivas e estruturais de relação social e cultural que ele enseja. Sem negar a liberdade individual nas "apropriações culturais", temos que levar em conta elementos estruturais mais amplos, que interferem nos hábitos culturais subjetivos, como por exemplo a organização da indústria fonográfica dentro do sistema econômico como um todo. As apropriações, usos e mediações culturais tendem a se mover dentro de um leque possível de ações, limitadas por fatores estruturais (econômicos, sociais, ideológicos, culturais), ainda que não determinadas por eles. Além disso, o historiador não pode negligenciar os efeitos da conjuntura histórica que ele está estudando e o papel da música em espaços sociais e tempos históricos determinados.

Os novos estudos em torno da música popular, sobretudo em torno da indústria fonográfica e do consumo musical, demonstram o quanto é difícil, hoje em dia, sustentar abordagens generalizantes e normativas. Os padrões organizacionais internos, as variáveis sociológicas e históricas, o papel dos circuitos culturais específicos (instituições, espaços sociais), enfim, fatores desprezados pela sociologia determinista (atenta às macro-relações sociais), devem ser levados em conta. No caso do Brasil, essa abordagem sugere um enorme esforço de coleta de fontes e dados empíricos, já realizados, em parte, por alguns trabalhos importantes (MORELLI, 1991, TOSTA, 2000). Neste caso, estamos lidando com uma indústria fonográfica muito antiga e bastante capitalizada, que figura entre as maiores do planeta. Apesar dessa importância histórica, não é freqüente entre nós trabalhos de recorte sociológico ou historiográfico feitos à base de uma coleta exaustiva de fontes e dados (cifras de produção, distribuição, lucro, estruturas organizacionais, lista de vendagens e audiência).

Em meu trabalho de doutorado tentei sugerir uma forma de pensar a indústria fonográfica brasileira, conforme estava estruturada entre os anos 60 e 70, dentro de um modelo geral do capitalismo brasileiro, caracterizado por um mercado de consumo concentrado à base de produtos de alto valor agregado, vendidos em escala reduzida. Esse modelo explica, em parte, a característica de consumo musical do Brasil. Apesar de sermos um país economicamente periférico, o consumo do produto fonográfico mais caro da época em questão – o *longplay* – era o carro chefe da indústria, uma tendência próxima aos países capitalistas centrais. A própria presença contundente da MPB no mercado fonográfico dos anos 60 e 70 (apesar da memória social qualificar o gênero como consumo musical de uma minoria "culta" e "crítica" em relação ao mercado massivo) se explica, em parte, por esta estrutura concentrada de consumo musical. A MPB era, preferencialmente, veiculada pelo formato LP. E dentro deste formato, representava um produto musical de alto valor agregado, voltado para uma "faixa de prestígio" do mercado, ou seja, direcionado ao público de maior poder aquisitivo. Portanto, ainda que vendesse menos do que a "faixa popular", em números absolutos, a MPB agregava mais valor econômico aos produtos musicais ligados a ela, sobretudo no plano da gravação e da circulação social das músicas (músicos mais qualificados, orquestras maiores, técnicos mais requisitados, maior número de horas de estúdio, maior gasto com publicidade, estratégias de marketing mais sofisticadas etc...). Neste sentido, sua posição no mercado não era marginal nem alternativa, mas central para o sistema de canções, pois mobilizava todo o potencial organizacional e técnico da indústria fonográfica.

Por outro lado, faltam trabalhos historiográficos de fôlego, que articulem a análise da produção musical às questões estéticas e os hábitos de consumo para outros momentos importantes da história da música brasileira, como os anos 30/40 e os anos 80/90. Nestas duas últimas décadas do século XX, a nova indústria fonográfica está mais para a "exploração dos direitos" do que para a "manufatura do produto". Deste modo,

...o bem musical pode circular dentro da mídia, gerando mais direitos do que a performance em si. Os vários suportes e mídias tornam a exploração dos direitos mais lucrativos do que a fabricação dos produtos em si (filmes, comerciais, vídeos, livros, revistas). É cada vez mais difícil identificar e isolar o "material bruto" como produto que está sendo processado. (NEGUS, 1999, p. 56)

A partir de meados dos anos 90, a relação entre pequenas (*indies*) e grandes gravadoras (*majors*) já não funciona, *grosso modo*, como uma relação de oposição e conflito e sim de simbiose. As *indies* têm servido como espaços de pesquisa musical e sondagem de gosto e novas tendências de mercado, abrindo espaço para a produção em massa das *majors*.

Estes aspectos devem reorientar os estudos em torno da indústria fonográfica, independente inclusive da dicotomia clássica "erudito/popular". A diferença é que no campo "erudito" o gosto é mais estruturado e as mediações passam por instituições culturalmente sólidas, como orquestras, casas de espetáculo e conservatórios musicais, que acabam diminuindo a autonomia dos produtores e dos executivos das gravadoras na hora da formatação do produto.

No caso do Brasil, o mercado de música popular é bem mais enraizado, mesmo em segmentos considerados de "elite", do que o mercado de música erudita. Aliás, a formação da esfera musical, principalmente de recorte dito "popular", e as complexas relações entre música e sociedade no Brasil são temas que merecem um capítulo a parte.

CAPÍTULO II

Música e História do Brasil

A gênese de um campo cultural e a invenção de uma tradição moderna

A esfera da música popular urbana no Brasil tem uma história longa, constituindo uma das mais vigorosas tradições da cultura brasileira. E isso não é pouca coisa num país acusado de não ter memória sobre si mesmo. O objetivo deste capítulo não é recontar esta história nos seus mínimos detalhes, mas sintetizar e problematizar as formas e o processo de reconhecimento sociocultural daquilo que entendemos como "música brasileira", sobretudo na sua esfera popular.

A cidade do Rio de Janeiro, uma das nossas principais usinas musicais, teve um papel central na construção e ampliação desta tradição. Cidade de encontros e de mediações culturais altamente complexas, o Rio forjou, ao longo do século XIX e XX, boa parte das nossas formas musicais urbanas. O Nordeste, como um todo (sobretudo Bahia, Pernambuco, Paraíba e Ceará), também desempenhou um papel importante, fornecendo ritmos musicais, formas poéticas e timbres característicos que se incorporaram à esfera musical mais ampla, sobretudo a partir do final dos anos 40. No final desta década, o Baião de Luiz Gonzaga se nacionalizou, via rádio, consagrando definitivamente a música nordestina nos meios de comunicação e no mercado do disco do "sul maravilha". Aliás, todas as regiões do Brasil têm uma vida musical intensa, mas nem todas conseguiram contribuir para a formação das correntes principais da música urbana de circulação nacional, na medida em que não penetraram na mídia (sobretudo o rádio e a TV) nacional.

Até os anos 50 do século XX, o Rio de Janeiro foi o ponto de encontro de materiais e estilos musicais diversos, além de sediar boa parte das agências econômicas responsáveis pela formatação e distribuição do produto musical (casas de edição, gravadoras, empresas de radiofonia). Esse encontro não foi apenas interclassista e interracial (apesar de todas as tensões e exclusões socioculturais inerentes a uma sociedade desigual, como a brasileira). Foi também interregional: primeiramente, os escravos (que se deslocaram da Bahia para o Rio, após o século XVIII, e do interior para a capital, após a abolição), seguidos, num outro momento, da migração interna de nordestinos, em sua maioria camponeses, retirantes, que vieram para o Rio (e para São Paulo) após a década de 30 e 40.

Mas a aceitação da música popular brasileira, sobretudo pelos segmentos médios da população, não foi linear, nem repentina. A expansão e a diversificação do público de música popular brasileira acompanharam as vicissitudes da própria estruturação dessa esfera cultural e do sistema comercial em torno da música popular como um todo. As elites com maior formação cultural e poder aquisitivo ainda teriam que esperar a Bossa Nova para assumir, sem culpa, seu gosto por música popular brasileira.

Numa perspectiva histórica mais linear, para facilitar a introdução do tema, podemos dizer que a música urbana no Brasil teve sua gênese em fins do século XVIII e início do século XIX, capitaneada por duas formas musicais básicas: a modinha e o lundu (ou lundum).

A modinha trazia a marca da melancolia e uma certa pretensão erudita na interpretação e nas letras, sobretudo na sua forma clássica, adquirida ao longo do II Império. Quase uma ária operística, com inclinações para o lírico e o melancólico.

A modinha surge em fins do século XVIII, derivada da moda portuguesa. Seu inventor reconhecido foi Domingos Caldas Barbosa, um mestiço brasileiro, que substituiu o pianoforte pela viola de arame, temperou a moda com um pouco de lundu negro e anuançou o vocabulário solene da Corte pelo mestiço da Colônia. Caldas Barbosa fez muito sucesso em Portugal, na Corte de D. Maria I, a partir de 1775. Ao longo do I Império, a modinha se enraizou definitivamente no Brasil, através da obra de Cândido Inácio da Silva e José Maurício Nunes Garcia, entre outros. Ao longo das regências e do II Império, a modinha se tornou quase obrigatória nos salões da Corte, e será, ao lado do lundu branqueado, um dos gêneros de maior aceitação, a partir do trabalho das casas de edição musical, introduzidas por volta dos anos 1830. Além do Rio de Janeiro, a Bahia foi um importante centro musical de "modinheiros". No final do Império a modinha se populariza e sai dos salões, tornando-se uma das matrizes da seresta brasileira. Xisto Bahia e Catulo da Paixão Cearense foram os nomes mais famosos desta fase.

O lundu (ou lundum), no começo uma dança "licenciosa e indecente" trazida pelos escravos bantos, acabou sendo apropriado pelas camadas médias da corte, transformando-se numa forma-canção e numa dança de salão. Geralmente tinha o andamento mais rápido que a modinha e uma marca rítmica mais acentuada e sensual, sendo uma das primeiras formas culturais afro-brasileiras reconhecidas como tal. O lundu-canção e o lundu-dança de salão tiveram muita aceitação na Corte e serviram de tempero melódico e rítmico quando a febre das polcas, valsas, *schottish* e habaneras tomou conta do Brasil a partir de 1840.

A vida musical na virada do século XVIII para o XIX, no Brasil, não assistiu apenas à formatação destes dois gêneros de "música ligeira", como se dizia – a modinha e o lundu – mas também a uma febre de música religiosa, sobretudo em Minas Gerais, mas também em Olinda, Salvador, São Paulo e

Rio de Janeiro. Em sua maioria, os músicos que praticavam este tipo de música eram mestiços ou mulatos e se organizavam em irmandades religiosas (como a Irmandade do Rosário, que congregava negros e mulatos) e produziam uma música delicada e sofisticada, voltada para a liturgia da Igreja Católica. Com a chegada da Família Real portuguesa, em 1808, a vida musical da corte (e da colônia como um todo) se diversifica, com a entrada da música clássica germânica (sobretudo a partir da obra de Haydn) e da ópera napolitana. Na verdade, Haydn já era conhecido no Brasil antes da chegada do seu principal discípulo, o maestro Sigismund Neukomm, sendo uma das principais influências do padre e compositor carioca José Maurício Nunes Garcia. A maior parte da obra deste compositor e regente, organista da Capela Real de D. João VI, pode ser enquadrada como "música sacra" (missas, motetes, hinos), mas ele também compôs óperas e modinhas. Sua trajetória revela o quanto os limites entre as várias esferas musicais (música ligeira-popular, erudita e sacra) foram frágeis na história musical brasileira. Mesmo o já consagrado compositor Marcos Portugal, chegado do Reino em 1811, flertou com a modinha ao estilo brasileiro.

 A atividade musical profissional ainda era vista, em meados do século XIX, como uma forma de trabalho artesanal, logo, "coisa de escravos". A atividade de músico era vista como uma espécie de artesanato, de trabalho realizado a partir de regras de ofício e correta manipulação do material bruto do som, e não como atividade "espiritual" ligada ao talento natural. Com o impacto do romantismo entre nós, a partir de 1840/50, essa visão começou a mudar, e, com efeito, algumas décadas depois, já tínhamos o nosso primeiro "gênio" musical, reconhecido como tal: Carlos Gomes. Depois de sua estréia retumbante no templo mundial da ópera, o Scala de Milão, com "Il Guarany", em 1870, o Império Brasileiro já podia se orgulhar do seu maior compositor. Gomes compunha ópera como se fosse um italiano, para o júbilo de nossa elite imperial, "estrangeira em seu próprio país"... Mas mesmo este ícone da música erudita brasileira nunca deixou de interpretar e compor modinhas, valsas e canções. O surgimento do Conservatório Musical do Rio de Janeiro, em 1848, e da Imperial Academia de Música e Ópera Nacional (1857-1865) também contribuiu para estruturar a esfera musical erudita no Brasil.

Apesar disso, o grosso da atividade musical, sobretudo no plano da interpretação instrumental, era realizado por negros e mestiços, muitos deles ainda escravos. Estes escravos-músicos eram altamente qualificados e suas atividades diárias se concentravam no aperfeiçoamento da sua técnica. É notória, mas ainda pouco estudada, a importância da Real Fazenda de Santa Cruz, um verdadeiro conservatório só para escravos, cuja tarefa era a de divertir a corte imperial. Criou-se, entre negros e mestiços da corte e das principais vilas e cidades, escravos e libertos, uma tradição musical complexa e plural, que trazia elementos diversos enraizados do século XVIII e início do XIX (música sacra, danças profanas, modinhas e lundus), reminiscências de danças e cantos dramáticos (jongo, por exemplo), estilos e modas musicais européias "sérias" (neste campo, o barroco foi dominante) e ligeiras, como a polca e a valsa.

Por volta de 1850, estas danças se tornaram a nova febre musical do Rio de Janeiro e foram um contraponto alegre à melancolia lírica das modinhas. A febre de piano que tomou conta da cidade acabou alimentando as casas de edição de partituras que foram surgindo, incrementando entre nós um primeiro mercado musical, à base de partituras de polcas, modinhas e valsas. Toda sala de estar das boas famílias do Império deveria possuir um piano para que as mocinhas da corte pudessem aprender a tocar o instrumento, o que não era uma questão de educação estética, mas de etiqueta social.

Diga-se de passagem que o sucesso destas danças deveu-se ao trabalho dos editores musicais sediados no Rio de Janeiro, cujo pioneiro, Pierre Laforge, fundou sua estamparia musical em 1834. Narciso José Pinto Braga e Isidoro Bevilacqua (e seu filho Eugênio Bevilacqua) também foram grandes impressores musicais, concentrando-se em modinhas, lundus e polcas. A Editora Filippone e Cia (1848), considerada a primeira editora musical do Brasil, especializou-se em árias e transcrições de trechos de óperas italianas. Portanto, tanto a disseminação dos gêneros musicais brasileiros quanto a consolidação das modas musicais estrangeiras, a partir das principais cidades brasileiras do século XIX, são inseparáveis da história das casas de impressão e editoras musicais. Até o final do século, apenas quatro províncias além do Rio de Janeiro possuíam casas impressoras de partituras: São Paulo, Pernambuco, Bahia e Pará.

Mas a vida musical das ruas, senzalas e bairros populares era intensa, embora tenha deixado poucos registros impressos ou escritos. Seu legado é basicamente oral e preservado através das canções folclóricas, festas populares e danças dramáticas.

Não cabe, nos limites deste texto, uma discussão profunda sobre o lundu e a modinha. O que importa salientar é que, na "história geral" da música brasileira, estes "gêneros" aparecem como matrizes de uma série de práticas musicais que marcarão a sociabilidade em torno da experiência musical.

De todos estes encontros culturais e da mistura musical resultante, surgirão os gêneros modernos de música brasileira: a polca-lundu, o tango brasileiro, o choro e o maxixe, base da vida musical popular do século XX. Apesar desta mistura, o mundo da casa e o mundo da rua (para não falar do mundo das senzalas, com seus batuques e danças específicas) constituíam esferas musicais quase isoladas uma das outras até meados do século XIX e dependiam de compositores e músicos ousados, transgressores, anticonvencionais, para comunicarem-se.

A partir desse caldeirão de sons, por volta de 1870, surgiu uma das mais perfeitas sínteses musicais da cultura brasileira: o choro. Logo após, em 1871, surge a sua contraface "semierudita", o tango (brasileiro). Henrique Alves de Mesquita e Ernesto Nazareth foram os maiores compositores do gênero.

Enquanto o tango brasileiro consagrou-se através das obras para piano, o choro é quase sinônimo do chamado "quarteto ideal": dois violões, cavaquinho e flauta, que mais tarde, no século XX, acrescido de outros instrumentos, será conhecido como "regional". Os "pais" do choro são muitos, todos eles reunidos em torno da figura do flautista Joaquim Antônio Calado (Calado Jr.): Viriato Figueira da Silva, Capitão Rangel, Luisinho, Saturnino, entre outros. Apesar de serem músicos de origem pobre, mestiça, sua música não era fruto apenas da "alma das ruas". Lembramos que Calado era um virtuose na flauta, professor do Conservatório de Música a partir de 1871. Mesmo com sua morte precoce, em 1880, aos 31 anos, Calado Jr. é considerado o pai da grande escola de flautistas brasileiros, que inclui nomes como Patápio Silva, Pixinguinha, Benedito de Lacerda e Altamiro Carrilho.

Para este primeiro momento da música urbana propriamente brasileira, outra contribuição importante foi a de Chiquinha Gonzaga. Moçoila nada comportada para os padrões morais da época, Chiquinha compôs polcas, tangos, peças musicais, modinhas, marchas (aliás, ela teria sido a inventora do gênero). Temperada pelo ambiente musical dos "chorões", entre os quais era uma presença assídua, sua trajetória atravessou o século e marcou o cenário musical brasileiro até o início do século XX.

O choro acabou por galvanizar uma forma musical urbana brasileira, sintetizando elementos da tradição e das modas musicais da segunda metade do século XIX. Nele estavam presentes o pensamento contrapontístico do barroco, o andamento e as frases musicais típicas da polca, os timbres instrumentais suaves e brejeiros, levemente melancólicos, e a síncopa que deslocava a acentuação rítmica "quadrada", dando-lhe um toque sensual e até jocoso. Junto com a consolidação do choro, a consolidação das polcas no mercado musical para a pequena burguesia e o *revival* das modinhas, surgia também um espaço musical importante: o teatro de revista (e as operetas, sua versão mais "séria"), que será o grande foco da vida musical brasileira e carioca até meados dos anos 20.

Se o choro era uma forma de tocar polca, nada quadrada e cheia de malícias e desafios, o maxixe, surgido logo depois, era um tipo de música mais sincopado ainda, mais malicioso e sugerindo movimentos de corpo pendulares, filho direto da habanera afro-cubana, importada via Espanha, apimentada pelo lundu (dança) afro-brasileiro. Assim, na segunda metade do século XIX, a linha musical polca-choro-maxixe-batuque representava um mapa social e cultural da vida musical carioca: o sarau doméstico-o teatro de revista- a rua-o pagode popular- a festa na senzala. Muitas vezes, o mesmo músico participava de todos estes espaços, tornando-se uma espécie de mediador cultural fundamental para o caráter de síntese que a música brasileira ia adquirindo. Já os públicos eram bastante segmentados, seja por sexo, raça, condição social (segmentos médios ou populares) ou condição jurídica (livre/escravo).

Quando o registro fonográfico foi introduzido entre nós, por Fred Figner e sua Casa Edison, em 1902, tínhamos, portanto, uma vida musical intensa e diversificada. Nos quinze primeiros anos de história fonográfica brasileira, o que predominava era a repetição dos padrões fonográficos internacionais: vozes operísticas e empostadas, acompanhamentos orquestrais compactos (cordas e metais) e formas musicais com aspirações a serem "música séria" (sobretudo trechos de operetas, modinhas solenes, valsas brejeiras, toadas "sertanejas" parnasianas). Não obstante, grandes músicos e cantores levaram para o disco boa parte da "alma brasileira": Eduardo das Neves, Anacleto de Medeiros, Mário Pinheiro e Baiano. Este último foi quem gravou a primeira canção no Brasil, "Isto é bom" (1902), lundu de Xisto Bahia, bem como o primeiro samba, "Pelo Telefone" (1917). Aliás, os primeiros anos de fonografia no Brasil ainda esperam por uma pesquisa histórica mais acurada. Num certo sentido, eles ficaram esquecidos entre a glória do choro e do Teatro de Revista e a consolidação do carnaval e do samba como eixos socioculturais da vida musical brasileira.

A moderna música popular brasileira: uma proposta de periodização

Existem três momentos cruciais na formação da tradição musical popular brasileira:

1) *Os anos 20/30* – A consolidação do "samba" como gênero nacional, como *mainstream* (corrente musical principal) a orientar a organização das possibilidades de criação e escuta da música popular brasileira.

2) *Os anos 1959-1968* – A mudança radical do lugar social e do conceito de música popular brasileira que, mesmo incorporando o *mainstream*, ampliou os materiais e as técnicas musicais e interpretativas, além de consolidar a canção como veículo fundamental de projetos culturais e ideológicos mais ambiciosos, dentro de uma perspectiva de engajamento típico de uma cultura política "nacional-popular".

3) É importante levar em conta um outro momento histórico, menos estudado ainda, responsável pela invenção do conceito de "velha guarda" e "era de ouro" da música brasileira. Poderíamos, arbitrariamente, situar este outro momento, entre o final dos anos 40 (1947 seria uma data válida, pois foi o ano em que Almirante publicou "No tempo de Noel Rosa") e meados dos anos 50. O biênio 1954-56 representa o ápice desta operação cultural, com a circulação da Revista de Música Popular, de Lúcio Rangel (WASSERMAN, 2002).

4) *Os anos 1972-1979* – Período histórico pouco estudado, mas fundamental para a reorganização dos termos do diálogo musical presente-passado, tanto no sentido de incorporar tradições que estavam fora do "nacional-popular" (por exemplo, a vertente *pop*) quanto no de consolidar um amplo conceito de MPB, sigla que define muito mais um complexo cultural do que um gênero musical específico, dentro da esfera musical popular como um todo (PERRONE, 1989).

Sem prejuízo de outros momentos e eventos significativos para a música brasileira, estes quatro momentos foram cruciais na medida em que reelaboraram, de maneira profunda, o próprio legado cultural e estético fornecido pela tradição musical-popular brasileira, como um todo. Em outras palavras, em cada momento acima citado, o passado e o sentido da tradição foram redimensionados, na medida em que novas formas e pensamentos musicais foram incorporados. Mais do que isso, o próprio lugar social da música popular foi deslocado. Estes quatro momentos históricos também têm uma outra característica comum: a produção de novos valores estéticos, culturais e ideológicos para julgar e avaliar a música popular, dentro do sistema cultural brasileiro como um todo. Eles traduzem o crescente interesse de uma "classe média com aspirações modernizantes" (BEHAGUE, 1973) pela cultura popular urbana. Sobretudo entre 1930/60, assistimos ao auge de uma cultura nacional popular, com implicações não só estéticas, mas também ideológicas.

A música brasileira moderna é, em parte, o produto desta apropriação e desse encontro de classes e grupos socioculturais heterogêneos. Não houve, na verdade, a apropriação de um material "puro" e "autêntico" como querem alguns críticos (TINHORÃO, 1981), na medida em que as classes populares, sobretudo os "negros pobres" do Rio de janeiro e mestiços do nordeste, já tinham a sua leitura do mundo branco e da cultura hegemônica. Assim, a música urbana brasileira nunca foi "pura". Como tentamos demonstrar, ela já nasceu como resultado de um entrecruzamento de culturas. De qualquer forma, as maneiras como o pensamento em torno da música popular foram construindo uma esfera pública própria, com seus valores e expectativas, traduzem processos permeados de tensões sociais, lutas culturais e clivagens históricas. Esta é uma das possibilidades de abordar a relação entre música e história (social, cultural e política), sem que uma fique reduzida à dinâmica da outra.

Vamos a uma rápida análise histórica dos quatro períodos que marcaram a trajetória da música popular brasileira, modificando as formas de criação artística e pensamento crítico.

O primeiro período: o nascimento da canção brasileira moderna

Entre 1917 e 1931, a vida musical popular brasileira se modificou radicalmente (SANDRONI, 2001). Ao menos, como padrão fonográfico, surgiu um novo gênero, que iria mudar nossa história musical: o samba.

A princípio, a palavra samba designava as festas de dança dos negros escravos, sobretudo na Bahia do século XIX. Com a imigração negra da Bahia para o Rio de Janeiro, as comunidades baianas se estruturaram de forma espacial e cultural e tiveram nas "tias", velhas senhoras que exerciam um papel catalisador na comunidade, o seu elo central. A primeira geração do samba, João da Baiana, Donga e Pixinguinha, entre outros, tinha a marca do maxixe e do choro, e a partir das comunidades negras do centro do Rio, principalmente nos bairros da Saúde e da Cidade Nova, irradiou esta forma para toda a vida carioca e, posteriormente, para toda a vida musical brasileira.

A famosa casa da baiana Hilária Batista de Almeida, a Tia Ciata, foi um dos laboratórios musicais desta síntese (MOURA,

1983; WISNIK, 1983). Mas, se a Casa da Tia Ciata era o pólo coletivo da criação musical, quando Donga registrou a música "Pelo Telefone", colocando-lhe o rótulo de "samba", ele realizou um gesto comercial e simbólico a um só tempo: comercial porque registrava uma música que reunia elementos de circulação pública, e simbólico na medida em que tanto o registro de autoria (na Biblioteca Nacional em 1916) quanto o fonográfico (com o selo Odeon, em 1917) permitiam uma ampliação do círculo de ouvintes daquela música para "além do grupo social original" (Donga, depoimento ao Museu da Imagem e do Som, em 1967).

Estes "pais fundadores" do samba, além de formarem lendários grupos musicais, como os "Oito Batutas", foram fundamentais na formatação orquestral da "era do rádio". Sob a liderança de Pixinguinha, grupos como a "Orquestra típica", "Os diabos do céu" e "Guarda velha", os músicos da primeira geração do samba carioca consagraram uma forma de tocar música popular que influencia os músicos até hoje, inclusive porque foram personagens importantes na história fonográfica brasileira e puderam deixar suas obras registradas em fonogramas, disponíveis para as gerações futuras.

Mas o primeiro samba ainda sofreria muitas mudanças até ficar parecido com o que passou-se a chamar de "samba" a partir dos anos 50 (mais próximo ao sentido atual, início do século XXI). Ao longo dos anos 20, o "samba" oscilava entre a estruturação rítmica do maxixe e da marcha. A polêmica entre Donga e Ismael Silva, na definição do que seria e do que não seria samba, revela o quanto o gênero não nasceu estruturalmente definido, sendo construído e ressignificado à medida em que novas performances e espaços musicais assim o exigiam. Entre um conceito e outro, naquela década, brilhou a figura de João Barbosa da Silva, o Sinhô, o músico mais popular da época. As músicas do "rei do Samba", ouvidas hoje em dia, soam aos nossos ouvidos como mais próximo do maxixe. Na verdade, as experiências e fusões musicais e culturais demonstram o quanto é arriscado pensar a história da música, principalmente a chamada "popular", através de formas e gêneros puros, tomados como "fatos" musicais incontestáveis.

As mudanças no samba, entre 1917 e 1930, não dizem respeito apenas aos aspectos musicais *strictu sensu*. Foram mudanças coreográficas, sociais, político-culturais. As clivagens são amplas e abrangentes e acompanham as mudanças na própria história sociocultural brasileira: "das casas das tias baianas aos botequins, da Cidade Nova ao Estácio [...] da festa caseira à gravação comercial" (SANDRONI, 2001, p. 14-16).

O tipo de samba conhecido como "Samba do Estácio" passou, a partir dos anos 30, a ser considerado o sinônimo de samba autêntico, de "raiz". Seus primeiros compositores foram os "bambas" Ismael Silva, Alcebíades Maia Barcelos (Bide), Armando Vieira Marçal, entre outros. Aliás, estes sambistas também passaram a transitar no mundo do rádio e do disco, levando o samba para dentro da incipiente indústria musical de meios elétrico-eletrônicos de maneira definitiva. Ao mesmo tempo em que suas músicas eram gravadas por nomes consagrados como Francisco Alves e Mário Reis, ídolos do mundo do rádio, eles eram os responsáveis pela fundação das Escolas de Samba, entidades que passaram a ser o eixo sociocultural, uma determinada leitura da tradição musical carioca.

Portanto, aquilo que passou a ser conhecido como "samba autêntico" nasceu de uma sensível ruptura com o conceito de samba imediatamente anterior (dos anos 20). Essa nova música, dotada de uma outra célula rítmica reconhecível e ligada a determinados timbres instrumentais-percussivos e vocais que lhes são "típicos", na verdade nasceu de uma ruptura e não de uma "volta ao passado" folclorizado. Mais curioso ainda é que os instrumentos de percussão só passaram a fazer parte do samba gravado em 1929. A música "Na Pavuna", gravada pelo Bando dos Tangarás (Almirante, Noel Rosa, João de Barro), foi a primeira a apresentar instrumentos de percussão "típicos" do samba. Com os rudimentares equipamentos de gravação mecânica que existiam até 1927, quando surge a gravação elétrica, seria impossível a captação de timbres que não fossem os mais potentes e agudos. A sutileza rítmica dos vários instrumentos de percussão, estes sim, base da tradição africana no "batuque", chegou ao disco graças às novas possibilidades de registro sonoro. Neste sentido, o progresso reencontrou a tradição (VIANNA, 1995).

A ruptura que está na origem do samba, paradoxalmente, instituiu uma tradição, um conjunto de características estéticas que passaram a ser consideradas "autênticas" (VIANNA, 1995). Uma tradição que passará a ter uma geografia cultural específica (as Escolas de Samba, o morro) e, ao mesmo tempo, se confundirá com a própria idéia de brasilidade, até pela força do rádio como meio de comunicação de massas. Ainda que, ao longo dos anos 40 e 50, o samba do rádio e o samba "do morro" tenham evoluído por caminhos diferentes, num primeiro momento, na virada dos anos 20 para os anos 30, não havia uma diferença significativa entre eles. Noel Rosa e Ismael Silva, considerados os representantes máximos de cada uma daquelas correntes do samba, chegaram a cantar e compor juntos. De qualquer forma, os dois compositores foram considerados os fundadores das duas vertentes modernas do samba carioca – o "samba do asfalto" (mais cadenciado e melódico) e o "samba de morro" (mais rápido e acentuado). Noel abriu o gênero "samba" para novas apropriações musicais e poéticas, operadas posteriormente por Ary Barroso, Dorival Caymmi e Chico Buarque de Holanda, entre outros. Ismael influenciou um outro tipo de trajetória do samba, gerando nomes como Wilson Batista, Ataulfo Alves, Geraldo Pereira, Martinho da Vila, Paulinho da Viola. Obviamente, estas divisões são meramente didáticas para facilitar a abordagem inicial do problema. Na prática, é muito difícil situar os músicos neste ou naquele gênero, de forma rígida e definitiva.

Por exemplo, tomemos as obras de Nelson Cavaquinho e
Cartola. Ambos dialogam com o "samba de morro", mas incorporam variáveis musicais e poéticas que não podem ser
enquadradas neste ou em nenhum outro gênero tão paradigmático de samba. Ainda bem que a vida musical é mais rica e
complicada do que as ordens classificatórias da teoria.

Com a entrada da música popular num circuito comercial
e comunicacional, ao mesmo tempo tangenciando elementos
da cultura popular e letrada, tal como eram definidos na primeira metade do século XX, ela acabou por acompanhar as
dinâmicas da própria modernização brasileira, num tipo de expressão "modernista" diferente daquela proposta pelo modernismo literário (NAVES, 1998). A tradição musical brasileira sofria
um processo de apropriação pelas novas camadas urbanas (tanto no plano da criação quanto no plano da recepção). Mesmo
os grupos sociais que estão na sua origem, como os negros e
mestiços, passaram a desenvolver estratégias de inserção nesta
nova esfera, ritualizando formas musicais e coreográficas que
logo seriam também incorporadas pela tradição. Em outras palavras, na medida em que a música popular e, particularmente, o
samba tornavam-se o carro chefe da música urbana-comercial
no Brasil, fazia-se necessário contrapor uma expressão que delimitasse sua diluição cultural: assim, a Escola de Samba (o espaço da tradição) ganha um outro sentido se comparada com o
rádio (a modernidade). Portanto, o problema da "invenção da
tradição", que explica em parte a criação de Escolas de Samba
no final dos anos 20, só tem sentido se entendida como uma
estratégia de afirmação simbólica de grupos sociais dentro do
sistema musical como um todo e não como "resistência" antimoderna e sectária ao mercado.

O Estado, que a partir dos anos 30, com Getúlio Vargas
no poder, se arvorava como um dos artífices da "brasilidade
autêntica", vai ser um novo vetor neste processo, tornando-o
mais complexo ainda. Não devemos esquecer que as instâncias
culturais oficiais (municipais e federais) interviram no mundo da

música popular, tentando enquadrá-lo sob políticas culturais de promoção cívico-nacionalista. Portanto, cultura popular, cultura letrada, mercado e Estado, no cenário musical brasileiro, não se excluíram, mas interagiram de forma assimétrica e multidimensional, criando um sistema complexo e consolidando a própria tradição. Este cenário está na gênese do novo tipo de música popular brasileira, de feição urbana, culturalmente híbrida e aberta a inovações estilísticas e técnicas, surgida nos anos 30. Enfatizo estes aspectos como contraponto às visões "puristas" e "folclorizantes" em torno da música popular, consagradas justamente no momento de sua gênese (década de 30) e reforçadas pelo intenso debate ideológico dos anos 60, quando a expressão nacionalista se tornou um valor político e cultural a ser conquistado e preservado.

Nestas três décadas, o processo que em sua gênese nada tem de "folclórico" sofre uma verdadeira operação de autenticação cultural (VIANNA, 1995). Através das principais polêmicas, intelectuais e musicais, dos anos 30 aos anos 50, percebemos um conjunto de mitos historiográficos que foram colados à própria idéia de música popular brasileira "autêntica" e "legítima" (NAPOLITANO & WASSERMAN, 2000).

a) A música popular brasileira tem um lugar sociogeográfico que seria tanto mais autêntico e legítimo quando mais próximo do lugar sociogeográfico das classes populares: o "morro" e, posteriormente, o "sertão".

b) A música popular brasileira tem uma origem localizada, no tempo e no espaço, e seria tanto mais autêntica e legítima quanto mais fiel a este passado. Por sua vez, este passado musical deveria se expressar através de gêneros de "raiz": o samba e, secundariamente, os gêneros "folclóricos" rurais. Manter o gênero tradicional, tal como imaginam os principais criadores e mediadores culturais adeptos do tradicionalismo, seria a garantia de sua autenticidade e legitimidade.

c) O crescimento do mercado representaria o triunfo de uma música sem identidade e sem legitimidade. Sem identidade, na medida em que afasta a música popular dos grupos sociais que estariam na sua origem (quase sempre pobres e marginalizados da modernização) e a aproxima de grupos sociais sem perfil cultural definido, influenciados pelos modismos culturais internacionais. E sem legitimidade, na medida em que o mercado e os meios de divulgação a ele relacionados (fonograma, radiodifusão) representam os interesses mercantis, voltados para a satisfação superficial das massas urbanas e das classes médias de "gosto internacionalizado".

d) Somente uma aliança entre setores intelectuais nacionalistas e a "verdadeira" cultura popular musical pode afirmar a "brasilidade" e evitar que ela perca autenticidade e legitimidade.

Até 1968, ao menos, estes quatro pontos valorativos se mantiveram como balizas tanto da criação musical quanto do debate musical, ainda que abalados em suas certezas pelo impacto da Bossa Nova, o que acabou gerando um conjunto de dilemas, sobretudo em relação aos artistas e críticos que não se enquadravam em tais valores. Estes dilemas se transformaram em vários debates acalorados sobre a origem e o destino histórico da música popular no Brasil. Entre os anos 30 e 60, estes debates ocuparam vários meios (jornais, revistas literárias e político-culturais e ensaios acadêmicos), foram protagonizados por diversos agentes socioculturais (jornalistas, cronistas, músicos, críticos especializados, burocratas da cultura, estudantes e acadêmicos) e foram pensados a partir de ideologias conflitantes (da direita à esquerda, mas cujo ponto comum era o ideal nacionalista). Seus desdobramentos marcam, até hoje, o cenário musical brasileiro e as intervenções públicas de criadores e críticos (seja em defesa destes valores, seja no seu questionamento).

Estas bases de pensamento da música popular brasileira ajudaram a constituir a tradição, foram filtros da memória e carregam em si as marcas de uma historicidade peculiar (a reorganização das bases culturais da sociedade nacional, entre os anos 20 e 30, e seu questionamento nacionalista, à esquerda, nos anos 50 e 60). Mas, ao longo desta trajetória, outras historicidades irão intervir no redimensionamento e revisão destas bases estético-ideológicas, não só do samba mas do próprio conceito de música popular brasileira.

É importante entender estas premissas, em que pese seu caráter reducionista e xenófobo, como vetores de formação de pensamentos críticos e tradições musicais. Não importa se verdadeiras ou falsas, conservadoras ou progressistas, idealistas ou críticas, as premissas de autenticidade e legitimidade desempenharam um papel importante na constituição da própria tradição expressiva e sua apropriação na forma de uma memória musical e cultural. Para o historiador, fornecem a base para analisar a relação da sociedade com a música. Ao mesmo tempo, expressam os próprios dilemas da modernização brasileira, cujos hibridismos culturais (CANCLINI, 1998), ou seja, as misturas de elementos culturais diversos formando um novo conjunto, estão presentes até hoje em várias atitudes e projetos culturais, principalmente na música popular. Mapear e criticar estas bases de pensamento e intervenção cultural, nos ajudam a superar uma visão excessivamente linear da música brasileira, que tende a organizar uma trajetória histórica multifacetada e híbrida em eventos, personagens e gêneros excessivamente delimitados, organizados e analisados na forma de juízos de valores que, apesar de inevitáveis e necessários para a experiência estética da música, podem conter armadilhas para a interpretação histórica.

O segundo período histórico (anos 40 e 50) e a invenção da tradição

Em meados dos anos 40, o rádio era um veículo de comunicação consolidado e em franco processo de expansão, sobretudo entre as classes populares urbanas. No campo específico da música popular, inaugurava-se uma nova etapa, marcada pela penetração de novos gêneros estrangeiros, principalmente o bolero, a rumba, o cha-cha-cha e o *cool jazz*. O baião e outros gêneros "regionais" (embolada, coco, moda-de-viola) também foram ganhando espaço no rádio, tornando-se referência para além das suas regiões de origem. Na virada dos anos 40 para os 50, a cena musical era dominada por sambas-canções abolerados, de andamento lento, e músicas carnavalescas voltadas para os segmentos mais populares. Havia também um considerável espaço para a corrente mais tradicional do samba, o "samba-de-morro", sobretudo através dos trabalhos de Wilson Batista e Geraldo Pereira, e para as criações mais refinadas, do ponto de vista harmônico-melódico, de Ary Barroso e Dorival Caymmi. Mas, no geral, as sonoridades em vigor apostavam nas tessituras orquestrais densas e volumosas, a base de interpretações vocais de grande estridência, alta potência e muitos ornamentos (sobretudo vibratos).

A era da música mais despojada, com arranjos mais leves e contrapontísticos (como os de Pixinguinha, por exemplo) e interpretação vocal sutil e cheia de "bossa", como se dizia, parecia uma coisa do passado. As letras também perdiam a ironia e o humor coloquial que marcaram os anos 30 e passavam a expressar ora um sentimentalismo mais carregado, ora uma brejeirice provinciana. A febre em torno do concurso "rainha do rádio", desde 1949, era o auge da participação desta nova audiência popular, caracterizada preconceituosamente como "macacas de auditório", que parecia dominar o cenário musical brasileiro dos anos 50. Na perspectiva de um certo elitismo cultural, elas se contrapunham ao "respeitável ouvinte" dos anos 30, quando o rádio era mais elitizado.

Além do rádio, as chanchadas cinematográficas foram o grande veículo do tipo de música popular que logo passou a ser objeto de crítica de um conjunto de homens de rádio, folcloristas e críticos musicais, acusada de ser "popularesca" e "comercial". Foi esta corrente de pensamento que forjou o conceito de "velha guarda" e "era de ouro", justamente para resgatar um passado musical que parecia ameaçado (WASSERMAN, 2002). Os principais nomes deste movimento foram Almirante (Henrique Foreis Domingues) e Lúcio Rangel. Embuídos de uma certa perspectiva folclorista, só que aplicada à cultura popular urbana (ao contrário do folclorismo acadêmico, mais voltado para a cultura popular camponesa), estes animadores culturais com grande espaço na imprensa e no rádio demarcavam a boa música popular, marcada pela produção musical dos anos 20 e 30, situada entre o advento do samba e o auge da primeira geração de cantores do rádio.

Almirante, a partir de 1947, realizou uma grande campanha de recuperação e reconhecimento da imagem pública de Noel Rosa, tido por ele como o símbolo da "era de ouro" da música brasileira. Almirante organizou um ciclo de palestras, produziu programas de rádio e realizou um trabalho notável de popularização da figura, já mitificada, de Noel Rosa, cercado por uma aura de "genialidade" que exigia uma reavaliação da sua obra.

Outros músicos e compositores também passaram a ser revalorizados: Pixinguinha e os músicos ligados ao choro e ao primeiro momento do samba, bem como a linhagem dos "bambas do Estácio" (Ismael Silva, Bide, Marçal, Ataulfo Alves, Wilson Batista). Para os "folcloristas da música popular urbana" (PAIANO, 1994), a música popular carioca, produzida nas três primeiras décadas do século XX, trazia a marca de uma autenticidade cultural, verdadeira reserva da nacionalidade e da identidade popular urbana que, na visão deles, era ameaçada pelo artificialismo comercial e pelos gêneros híbridos que dominavam o rádio (boleros, sambas jazzificados, rumbas e marchas carnavalescas de fácil aceitação popular).

Não se tratava apenas de um capricho intelectual de alguns amantes refinados da música popular. Essa estratégia era importante em meio à febre folclorista que tomou conta do meio intelectual e acadêmico brasileiro entre o final dos anos 40 e o final dos anos 50. A folclorização das representações do povo brasileiro era um processo em curso desde o Estado Novo (1937-1945) e funcionava como uma estratégia cultural e ideológica na manipulação da identidade "nacional-popular" e, conseqüentemente, como legitimação dos canais de expressão dos grupos populares na arena político-cultural como um todo, arena esta controlada pelas elites. Na medida em que se afirmava o nacional-populismo como forma de articular as elites e as classes populares, a folclorização do conceito de povo se afirmava como uma das formas de negar as tensões sociais que acompanhavam o processo de modernização capitalista e se contrapor ao temor da perda de identidade e da diluição da nação numa modernidade conduzida a partir do exterior. A tendência de criticar a modernização, a urbanização sem freios e a suposta perda de referência da identidade nacional estava na base das elites nacionalistas que procuravam agir em duas frentes: a) elaborar uma pedagogia cívico-cultural para as classes populares, disseminando valores idealizados de "brasilidade" orgânica e autêntica; b) estimular uma reforma cultural da própria elite, que deveria aprender a falar a "língua do povo" para melhor conduzi-lo nos caminhos da História.

Assim, a febre folclorista que tomou conta do país, à esquerda e à direita, entre fins dos anos 40 e, praticamente, toda a década de 50, serviu como uma legitimação cultural e intelectual, ancorada num projeto político que se tornava fundamental na medida em que crescia a urbanização: chegar às massas populares, seja para reforçar o patriotismo conformista (direita) ou a consciência nacional (esquerda). Ambos pólos ideológicos partiam do mesmo pressuposto: o povo tinha uma identidade básica, ancorada na tradição, e deveria guiar-se por ela na sua caminhada histórica. Na medida em que a música popular mais comercial estava ligada aos interesses do cinema e do rádio, veículos ligados ao mercado de bens culturais que se afirmavam cada vez mais no meio urbano e que pareciam diluir todas as especificidades culturais consideradas "típicas" da nação, a idealização de um passado "puro e autenticamente popular" apresentava-se como a arma mais à mão neste processo de luta cultural.

Para os "folcloristas" que tomaram para si a tarefa de "salvar" a música popular, tratava-se de separar o passado glorioso do samba e da música popular como um todo da popularização (exageros performáticos, fanzinato apaixonado e acrítico, tratamento musical indevido de gêneros nacionais) e da internacionalização crescente (misturas musicais com o *jazz*, rumba, bolero, sem critérios seletivos).

A criação da *Revista de Música Popular*, em 1954, por Lúcio Rangel, foi um dos mais ambiciosos projetos intelectuais em torno da música popular. Apesar da sua curta duração (até 1956, foram publicados pouco mais de vinte números), a Revista congregou um novo pensamento musical, tentando alcançar uma certa legitimidade cultural para a música popular, através da estratégia da abordagem folclórica. É claro que não era o mesmo tipo de música popular que Mário de Andrade, considerado patrono dos estudos folclóricos brasileiros, apreciava, pois enquanto Mário propunha um projeto de reconhecimento da música rural, coletiva e anônima, os "folcloristas urbanos" (PAIANO, 1994) tentavam fazer com que a música urbana carioca fosse reconhecida como autenticamente brasileira. A *Revista de Música Popular*, portanto, tomou para si uma tarefa inusitada: folclorizar aquilo que, na perspectiva de Mário de Andrade, era acusado de ser a expressão da mistura e da degenerescência cultural do Brasil: o samba carioca. Mas os "folcloristas urbanos" não se intimidaram com as visões de Mário sobre este gênero. Apropriararam-se das suas falas que, devidamente deslocadas, acabavam por legitimar o enviesamento do seu próprio projeto. Tratava-se de aplicar, na cultura popular urbana do samba, o método de localização, coleta e classificação do "fato folclórico", isolando-o, paradoxalmente, dos desdobramentos da mesma cultura urbana que havia desenvolvido o vírus da sua própria contaminação (WASSERMAN, 2002).

Basta examinar o panorama musical entre 1946 e 1956 para vermos que o cenário musical popular brasileiro, com a "era do rádio" no auge de sua popularidade, era marcado por inúmeras influências que uma certa "intelectualidade" ligada à música popular julgava nociva à tradição. *Jazz*, boleros, rumbas e outras tradições, que marcavam o gosto popular urbano, colocavam um desafio aos defensores de uma música popular autêntica: separar o joio do trigo. O joio, a mistura sem critérios e popularesca. O trigo, o samba (e outros gêneros de raiz) tal como havia sido codificado ao longo dos anos 30.

Além da Revista, dos programas de rádio e das coleções de discos lançadas com o espírito de coleta folclórica, Almirante, Lúcio Rangel e outros patrocinaram eventos musicais dentro deste espírito. O mais famoso foi o "I Festival da Velha Guarda", na Rádio Record em 1954, que reuniu os pioneiros do samba, Pixinguinha, Donga e João da Baiana entre outros. Além do Festival, o conjunto gravou um LP pela gravadora Sinter. Curiosamente, o tempero musical dos trabalhos estava mais próximo às músicas carnavalescas que dominavam o rádio, do que ao espírito dos anos 20 e 30.

Mesmo não conseguindo criar uma alternativa ao gosto popular vigente, nem conseguindo consolidar um amplo reconhecimento intelectual da música popular (as elites ainda prefeririam *jazz* e música erudita européia), os folcloristas da música popular marcaram uma clivagem na maneira como eram pensados a tradição e o patrimônio musical, dotando-a de uma aura de autenticidade e grandeza estética e, neste sentido, ajudaram a mitificar uma historicidade específica da música popular: os anos 30 (e parte dos anos 40), que passaram a ser considerados como uma "era de ouro". Além disso, eles fornecerão as bases de um pensamento musical ainda hoje muito disseminado entre colecionadores, críticos musicais nacionalistas e jornalistas especializados em música popular brasileira. Este pensamento tem sido marcado pela valorização do samba "autêntico" e das manifestações musicais anteriores à Bossa Nova, tendo como ponto alto, justamente, a "era de ouro", compreendida entre 1927-1946 (Vasconcelos, 1964).

Mas a eclosão da Bossa Nova, em 1959, iria marcar o surgimento não só de uma outra historicidade para a esfera da música popular, mas também o surgimento de um outro pensamento musical, mais voltado para a valorização da mistura dos gêneros musicais brasileiros com as tendências modernas da música internacional de mercado, como o *jazz* e o *pop*.

O terceiro período histórico (1958/1969): o corte sociológico e epistemológico na música popular e a invenção da MPB

O projeto de "folclorização" da música popular sofreu um grande abalo com a eclosão da Bossa Nova, para a qual o resgate cultural do samba não passava pelo fato folclórico mas pela ruptura estética em direção ao que se julgava "modernidade": sutileza interpretativa, novas harmonias, funcionalidade e adensamento dos elementos estruturais da canção (harmonia-ritmo-melodia) que deixavam de ser vistos como um mero apoio ao canto (voz). A partir daí, houve uma espécie de limpeza de ouvidos, desqualificando tudo que fosse identificado com exagero musical: ornamentos dramatizantes, tessituras muito compactas, vozes operísticas e letras passionais narrativas. Estas bases estéticas acabaram sendo incorporadas também como forma de pensamento crítico sobre a música popular como um todo. Assim, a Bossa Nova transformou-se num momento de "corte epistemológico", como definiu Caetano Veloso. A historiografia da música está cheia de citações que comprovam tal perspectiva. Alguns exemplos:

Ou ainda:

> A Bossa Nova teria trocado "a atmosfera 'camp' (ingênua e suburbana) do samba canção (mais tangos e boleros), silenciando o batuque e a estridência [...] A BN limpa a aura desqualificada da música popular. Ela intelectualiza a canção. Com ela rompe-se a barreira do interesse em torno do gosto elitizado pelos meios musicais. Rapazes introspectivos e pensantes atuam no gênero em meio à voga existencialista no final dos anos 50. (AGUIAR, 1989, p. 105)

> Primeira e única tentativa de pensar a música brasileira em sua totalidade. Está longe de ser um estilo ou gênero musical. É um pensamento musical, uma forma de refletir sobre música [...] o advento definitivo da música popular moderna no Brasil. (VENANCIO, 1984, p. 9)

Estas falas não são passagens isoladas, mas refletem todo o culto que se formou em torno do movimento e que resistiu ao tempo e acabaram se tornando as fontes seminais de um pensamento que foi erigido quase como uma "história oficial" da canção popular brasileira.

Na perspectiva deste trabalho, em que pese o reconhecimento estético e cultural do movimento, trata-se de examinar, criticamente, quais os termos da ruptura bossa novista e em que medida os elementos estéticos e culturais tidos como "arcaicos" foram mais recalcados e reelaborados do que propriamente superados (GARCIA, 1999). É preciso apontar para a necessidade de problematizarmos o próprio estatuto de modernidade contido na expressão "Bossa Nova", fazendo saltar à vista todas as tensões e contradições não só do movimento em si, mas do vigoroso pensamento crítico que se formou em torno e a partir dele. Isto não significa por em dúvida a importância e a qualidade da Bossa Nova, mas, longe disso, valorizá-la como momento privilegiado da história cultural do Brasil, portadora de uma complexidade que vai além do choque linear entre "arcaico" e "moderno", "bom" e "mau gosto", "popular" e "erudito", dicotomias que muitas vezes têm empobrecido as análises.

O segundo momento deste período de "corte epistemológico e sociológico" dos anos 60 foi o surgimento de um outro estilo de canção moderna, que se arvorava como um ponto médio entre a tradição "folclorizada" do morro e do sertão e as conquistas cosmopolitas da Bossa Nova. Neste sentido, por volta de 1965, surgiu a sigla MPB, grafada com maiúsculas como se fosse um gênero musical específico, mas que, ao mesmo tempo, pudesse sintetizar "toda" a tradição musical popular brasileira. A MPB incorporou nomes oriundos da Bossa Nova (Vinícius e Baden Powell, Sérgio Ricardo, Geraldo Vandré, Nara Leão e Edu Lobo) e agregou novos artistas (Elis Regina, Chico Buarque de Holanda, Gilberto Gil e Caetano Veloso, entre outros), se apropriando e se confundindo com a própria memória musical "nacional-popular". A MPB será um elemento cultural e ideológico importante na revisão da tradição e da memória, estabelecendo novas bases de seletividade, julgamento e consumo musical, sobretudo para os segmentos mais jovens e intelectualizados da classe média. A "ida ao povo", a busca do "morro" e do "sertão", não se faziam em nome de um movimento de folclorização do povo como "reserva cultural" da modernização sociocultural em marcha, mas no sentido de reorientar a própria busca da consciência nacional moderna. Nessa perspectiva é que se deve entender as canções, atitudes e performances que surgiram em torno da MPB, que acabaram por incorporar o pensamento folcloricista ("esquerdizando-o") e a idéia de "ruptura moderna" da Bossa Nova ("nacionalizando-a").

A MPB foi pensada a partir da estratégia de "nacionalização" da Bossa Nova que traduzia uma busca de "comunicabilidade e popularidade", sem abandonar as "conquistas" e o novo lugar social da canção. Por outro lado, os novos intérpretes não só traziam a memória da "bossa" recente (Edu Lobo, por exemplo), mas também da bossa renegada do bolero e do *hot-jazz* (como Elis Regina). Chico Buarque, por sua vez, trazia de volta à cena musical a memória do samba urbano dos anos 30 (Noel), marcando sua obra inicial (1966-1970) como um conjunto heterogêneo de expressão do samba, com predominância de elementos da "velha" e da "nova" bossa.

A origem do movimento da "MPB" fora anunciada por vários LPs (discos *long playings*) e eventos musicais que apontavam para uma nova postura diante do dilema "tradição-ruptura" que se colocou no começo dos anos 60. Entre estes produtos destacamos o primeiro LP de Nara Leão pela Elenco (*Nara*, 1963), o primeiro LP de Elis pela Philips (*Samba eu canto assim*, 1965), o espetáculo Opinião (1964) e os Festivais da canção (entre 1965 e 1967).

Em torno destes LPs e eventos, consolidou-se uma nova linha musical, na qual a bossa nova era reconhecida como importante, mas filtrada criticamente em prol das performances e princípios de criação mais comunicativos da canção engajada nacionalista. Mesmo nos artistas de maior filiação ao movimento bossanovista, como Nara Leão e Edu Lobo, a sutileza interpretativa e o tratamento anticontrastante das canções eram tensionados pela incorporação de outras tradições (samba "de morro", gêneros nordestinos). Apesar do tom nacionalista que a MPB adquiriu no cenário das lutas culturais dos anos 60, na prática musical em si ela foi menos purista e xenófoba do que supõe a historiografia e a crítica como um todo (sobretudo aquela crítica filiada aos princípios estéticos do Tropicalismo, movimento inicialmente crítico da "MPB nacionalista e engajada"). Basta ouvir alguns nomes dos citados anteriormente que perceberemos um tipo de canção culturalmente híbrida, veiculando, às vezes em uma única canção, elementos considerados como auto-excludentes pelas correntes de opinião mais tradicionalistas: nacionais e estrangeiros, folclóricos e massivos, cultos e populares.

Aliás, o embate entre tropicalistas e emepebistas, foi muito inflado pela mídia da época, por ocasião da explosão do movimento, na virada de 1967 para 1968. Este embate ensejou um conjunto de mitos historiográficos positivos e negativos que marcaram a memória sobre a MPB de 1965 a 1968, e que expressam a passagem para o último momento da fase das rupturas musicais dos anos 1960.

Os principais mitos "negativos", disseminados sobretudo pelos adeptos do movimento tropicalista e defensores da abertura *pop* como sinônimo de "linha evolutiva" da música brasileira, seriam os seguintes:

• A MPB nacionalista e engajada privilegiava o conteúdo e não a forma.

• A MPB "folclorizava" o subdesenvolvimento e a era xenófoba.

• A MPB constituía um bloco estético e ideológico monolítico, marcado pelo populismo e pelo nacionalismo, sem matizes e nuances entre os diversos artistas a ela identificados.

• A MPB era mistificadora, pois prometia conscientização "para o povo" mas oferecia apenas uma catarse escapista (marcada pelo culto do "dia que virá" nos libertar), sobretudo para os estratos intelectuais da classe média, sem espaço político após o golpe de 1964.

Em contraponto, no mesmo momento, cristalizaram-se alguns mitos positivos, até hoje idealizados por uma certa memória de esquerda. São eles, resumidamente:

• A MPB nacionalista e engajada ocupava uma faixa de circulação social, nos anos 60, que não se confundia nem era determinada pelo mercado fonográfico (ao menos até 1968).

• A MPB nacionalista e engajada era a expressão autêntica da brasilidade e foi um movimento legítimo e espontâneo de "socialização da cultura" e de busca de "conscientização política" das classes médias e populares.

• A MPB tinha uma inspiração revolucionária e, se não fosse a repressão política e a cooptação da indústria cultural, teria desempenhado sua tarefa de ser a trilha sonora da revolução brasileira.

Dentro de uma perspectiva de revisão crítica dos dois conjuntos de mitos historiográficos, apontamos para a necessidade dos futuros trabalhos problematizarem estes conjuntos, entendendo-os à luz do momento histórico no qual foram produzidos. Muitos trabalhos acadêmicos, até bem pouco tempo, tendiam a assumir um ou outro lado da questão, sem maiores problematizações, tomando os valores de época como base para a análise histórica e crítica cultural. Dada a força da tradição crítica do tropicalismo dentro do meio acadêmico, normalmente os trabalhos tendiam a desqualificar a chamada "MPB nacionalista", qualificando-a no melhor dos casos como romântica e politicamente ingênua, e, no pior, como demagógica e populista.

Depois da participação de Caetano Veloso e Gilberto Gil no Festival da TV Record de 1967, a MPB não seria mais a mesma. O impacto do movimento tropicalista, ao longo de 1968, exigiu a revisão das bases estéticas e valores culturais que norteavam a MPB e, no limite, obrigaram a uma abertura estética do "gênero" a outras influências que não os "gêneros de raiz" ou materiais folclóricos. O Tropicalismo não tomou conta apenas da crítica acadêmica, mas até hoje se faz sentir na vida musical brasileira como um todo. Ele tem sido o centro de um amplo debate que vem ocupando não só jornalistas e fãs, mas também o meio acadêmico. Normalmente, o tropicalismo tem sido melhor aceito entre os críticos musicais jovens e pelos movimentos musicais que vêm dominando a cena musical brasileira desde a década de 80, como o Rock nacional e o *mangue beat*.

O saldo do movimento tropicalista, no período de renovação radical da música brasileira que foram os anos 1960, foi ambíguo: por um lado, ele incorporou outros estilos, materiais sonoros e procedimentos de composição que a MPB nacionalista e engajada dos festivais qualificava como exemplos de "mau gosto" e de "alienação". Por outro, iniciou um movimento de adesão, nem sempre bem resolvido, aos modismos e tratamentos técnicos ligados ao *pop* anglo-americano e à busca de uma atitude de vanguarda, nem sempre muito conseqüente e refletida. Portanto, temos um movimento de abertura e fechamento, ao mesmo tempo: *abertura* para uma outra herança musical do passado (negada pelos padrões de "bom gosto" vigentes após a eclosão da Bossa Nova e da MPB, tais como os gêneros considerados "cafonas", como o bolero e as marchinhas popularescas dos anos 40 e 50); *abertura* também para um outra corrente que lhe era contemporânea (o *pop*); *fechamento* para a MPB e seus valores estéticos e ideológicos, marcados pelo nacional-popular de esquerda e para um determinado passado, marcado pela idéia de resgate da tradição musical considerada autêntica e legitimamente brasileira, marcada pela linha evolutiva dos gêneros tradicionais "choro-samba-bossa nova-MPB". Basta ouvir a obra prima chamada "Panis et Circensis", LP de 1968 que reuniu a trupe tropicalista (Caetano, Gil, Rogério Duprat, TomZé, Torquato Neto, Gal Costa, com participação de Nara Leão), para percebermos a original relação entre música e história proposta, nem sempre de fácil assimilação fora do contexto de época. O disco-manifesto, como foi apelidado pela crítica, era um mosaico sonoro reunindo gêneros, tradições poéticas, alegorias, ideologias, na expressão da "geléia geral brasileira".

Esse movimento plural e dinâmico de "abertura-fechamento" teve sua origem na formulação de uma nova "idéia-força" para pensar a tradição musical brasileira: o conceito de "linha evolutiva", formulado por Caetano Veloso, num debate sobre a MPB, realizado em 1966. Caetano se referia à necessidade de retomar um procedimento de criação musical baseado na "seletividade" da tradição, em função das demandas da modernidade contemporânea ao artista. "Seletividade" em relação ao passado e "ruptura" em relação ao presente, negando o "gosto médio" vigente, foram as bases estéticas e culturais dos principais trabalhos do tropicalismo. Caetano, ao colocar o problema da "retomada da linha evolutiva", tinha em mente o trabalho de João Gilberto que, para ele, tinha conseguido como ninguém sintetizar tradição e ruptura, iniciando uma nova fase para a música popular brasileira. Uma fase em que a criação musical se confundia com a própria crítica cultural e cujas tarefas exigiam um posicionamento crítico do artista em relação ao passado e ao presente da cena musical. Neste sentido é que Celso Favaretto aponta o Tropicalismo como

> Procurando articular uma nova linguagem da canção a partir da tradição da música popular brasileira e dos elementos que a modernização fornecia, o trabalho dos tropicalistas configurou-se como uma desarticulação das ideologias que, nas diversas áreas artísticas, visava interpretar a realidade nacional. (FAVARETO, 1996, p. 22)

O quarto período histórico: a MPB como o centro da história musical brasileira – tradição, mainstream *e* pop *(1972-1979)*

A repressão do regime militar, após o AI-5, que recaiu sobre tropicalistas e emepebistas, apesar de todos os traumas que causou no cenário musical brasileiro, acabou criando uma espécie de "frente ampla" musical, parte do complexo e contraditório clima de resistência cultural à ditadura. Os embates estéticos e ideológicos de 1968 apontavam para uma cisão definitiva da música popular moderna no Brasil, entre as correntes nacionalistas e contraculturais, que agora pareciam distantes. O exílio de Gil e Caetano, assim como os de Geraldo Vandré e Chico Buarque (neste caso, "voluntário"), lembrava que havia um inimigo em comum: a censura e a repressão impostas pelo regime. O alvo tanto podia ser as letras políticas e socialmente engajadas de Chico e Vandré quanto as atitudes iconoclastas e a crítica comportamental de Caetano e Gil. Guerrilha e maconha, comunismo e androginia, Revolução Cubana e Paris 68 ocupavam o mesmo lugar no imaginário confuso do conservadorismo de direita, que se contrapunha ao setor mais valorizado e respeitado da música brasileira.

Mas não foram só os traumas da repressão, do exílio e da censura que provocaram uma acomodação das tensões internas do campo musical popular, o qual será fundamental para a própria institucionalização do conceito de MPB. O mercado sofria, na virada da década de 60 para a de 70, uma grande reestruturação, ainda que paralela a uma crise momentânea, em certa medida provocada pela própria perseguição aos artistas mais criativos e valorizados pela audiência formadora de opinião e gosto. Havia a tendência ao aprofundamento da segmentação de consumo musical, altamente hierarquizada, que definia o lugar dos artistas no mercado e o tipo de produto musical a ser oferecido ao grande público consumidor. Consolidava-se, portanto, uma tendência já anunciada nos anos 60, com a diferença que não havia mais tanto lugar para experimentalismos e nem para o surgimento de novos gêneros e estilos, ao menos a partir de 1972. Quem ousava experimentar corria o risco de ser tachado de "maldito" (leia-se, destinado a não vender discos) e permanecer numa espécie de ostracismo respeitado do cenário musical. Muitas carreiras até se alimentaram deste estigma, mas no geral não era um rótulo desejado, pois informava o posicionamento da indústria e do público em relação ao artista estigmatizado.

No topo da hierarquia musical da época havia a MPB, tida como uma música "culta", aberta a várias tendências, desde que chanceladas pelo "bom gosto" dos setores intelectualizados ou pelas "ousadias" das vanguardas jovens. Assim, o Tropicalismo, sobretudo após 1972, passou a ser considerado uma "tendência" dentro do sistema musical amplo da MPB, perdendo a aura de "gênero" específico e movimento anti-emepebista, sua marca em 1968. Apesar disso, no começo da década, havia uma tentativa de manter um *mainstream* da MPB (samba-bossa nova – "música de festival") contra as misturas musicais consideradas descaracterizantes, do ponto de vista do nacionalismo cultural. Exemplos dessa corrente mais ortodoxa foram o MAU (Movimento Artísitico Universitário, de onde saíram Gonzaguinha, Ivan Lins, João Bosco) e a parceria Vinícius-Toquinho, de muito sucesso na época. Com o surgimento das "tendências" mineira e nordestina, sobretudo após 1972, o quadro se torna mais diversificado, incorporando outros materiais musicais (regionais) e tradições poéticas.

Como espaço alternativo, a MPB "ortodoxa", nacionalista e engajada se consolidou numa linha musical-comportamental francamente marcada pelo *pop-rock*, com incursões na contracultura e na música e poesia de vanguarda, reclamando para si a continuidade das ousadias estéticas e comportamentais do tropicalismo de 68. Os "Novos Baianos", os "malditos" e os roqueiros mais assumidos (Rita Lee, Raul Seixas), para não falar do meteórico conjunto "Secos e Molhados", representam as diversas vertentes dessa linha, mais forte entre a juventude não universitária. É importante lembrar que, por vezes, as preferências musicais das subculturas jovens e dos segmentos mais voltados para o consumo de MPB engajada poderiam misturar-se.

Ainda havia a tradição da música romântica, que continuava sendo o segmento de maior popularidade (em termos de vendagens absolutas), indo de produtos musicais mais bem acabados (como no caso de Roberto Carlos) até produtos musicais mais toscos e simplórios (como o "gênero" Brega, que explodiu nos anos 70), todos subprodutos do movimento Jovem Guarda e suas baladas e *rocks* "quadrados".

O samba, mesmo incorporado ao *mainstream* sintetizado pela sigla MPB, manteve uma certa independência estilística e afirmava uma certa tradição mais ligada ao gosto popular ligados às escolas de samba, aos "sambas de morro" e mesmo ao "samba-canção" mais tradicional. O grande sucesso de nomes como Martinho da Vila, Beth Carvalho, que atravessará toda a década, o prestígio em torno de Paulinho da Viola, bem como a valorização de nomes lendários, como Nelson Cavaquinho, Cartola, Adoniran Barbosa e Lupiscínio Rodrigues, resgatados na década de 70 pelo gosto da classe média. Mas, dentro da tradição do samba, também se esboçou uma certa hierarquização do gosto, sobretudo por parte da audiência musical da classe média intelectualizada, com a desqualificação do chamado "sambão-jóia" (Originais do Samba, Luiz Ayrão, Benito de Paula, entre outros), uma espécie de avô do pagode dos anos 90.

Estas eram as principais correntes do cenário musical brasileiro, ao menos até 1975. Com a perspectiva da "abertura" e o abrandamento da censura e da repressão, a MPB voltou ao primeiro plano absoluto, do ponto de vista cultural e comercial, tornando-se uma espécie de eixo central da máquina musical/fonográfica e do *show bussness* brasileiro até o começo dos anos 80. A MPB passou a ser vista cada vez menos como um gênero musical específico e mais como um complexo cultural plural, e se consagrou como uma sigla que funcionava como um filtro de organização do próprio mercado, propondo uma curiosa e problemática simbiose entre valorização estética e sucesso mercantil. Tornou-se uma espécie de "castelo de marfim" do músico brasileiro, com a diferença que este castelo de marfim se colocava como medida do que deveria ser considerado "popular" e "brasileiro", causando um conjunto de debates e incômodos no meio musical como um todo. Esta faceta sociocultural da MPB, indo além da mera definição estética, passou a funcionar como uma instituição musical que reelaborava o passado e apontava para as novas tendências, tendo como balizas o gosto musical da classe média brasileira, historicamente ligada à renovação musical desde a Bossa Nova.

Apesar da existência de um eixo principal dado pela tradição da música urbana carioca, dando uma impressão de continuidade histórica linear da tradição do samba, o conceito de MPB consolidado nos anos 70, na medida em que suas bases eram mais socioculturais do que estritamente estéticas, passou a dificultar seu próprio reconhecimento como gênero musical. A rigor, quase tudo poderia ser considerado MPB. Todos os gêneros e estilos, todas as tradições musicais, todas as posturas, conservadoras ou radicais, poderiam ter seu lugar no clube, desde que prestigiados pelo gosto da audiência que definia a hierarquia musical. Basicamente, ela era composta pelo jovem ou adulto intelectualizado e cosmopolita de classe média, habitante dos grandes centros urbanos brasileiros. A "definição" da MPB passava por critérios muito mais de tipo sociocultural, implicando em tipos de audiência, reconhecimento valorativo e circuitos sociais da cultura.

Mas, na medida em que a tradição identificada com a MPB era, basicamente, uma tradição ligada ao gosto popular (o samba, os gêneros nordestinos, a música de rádio), o elitismo do gosto musical brasileiro podia ser considerado mais como um fetiche e um culto a determinadas personalidades engajadas e criativas e seu estilo poético-musical do que um rigoroso e seletivo gosto musical à base de uma seletividade crítica muito exigente, como a princípio poderia parecer. Principalmente na segunda metade da década de 70, o campo da MPB era suficientemente vigoroso e elástico para penetrar em camadas sociais que estavam fora do seu público-padrão (alta classe média intelectualizada), chegando aos estratos da classe média baixa e, até mesmo, das classes populares. Obviamente, ainda faltam estudos empíricos que nos ajudem a discutir com mais segurança, mas os dados disponíveis indicam que a MPB foi mais popular do que supõe uma determinada memória social em torno dela.

A grande popularidade da MPB, sobretudo na segunda metade dos anos 70, não impediu que, dada a nova reorganização do mercado fonográfico brasileiro, sempre acompanhada de mudanças na relação oferta/procura de gêneros e estilos, ela saísse da cena principal. Mesmo mantendo-se como sinônimo de "música popular culta", prestigiada entre consumidores de alto padrão socioeconômico e cultural, a MPB perderá espaço progressivamente para o *rock* junto à juventude de classe média (diga-se, o segmento que efetivamente movimenta o mercado musical), a partir de meados dos anos 80.

Mas, até que isto acontecesse, a MPB dos anos 60 e, sobretudo dos anos 70, sintetizou de forma singular as diversas tradições estéticas, circuitos culturais e tempos históricos que marcaram a vida cultural brasileira do século XX. Poderíamos dizer que ela aglutinou tudo que veio antes e apontou caminhos para tudo que viria depois daquelas décadas marcantes. Este amálgama cultural, nem sempre bem articulado ou simétrico, pode ser resumido no seguinte quadro:

• Tradições estéticas: a poesia culta, a poesia popular, a música "folclórica", a música da "era do rádio", a música de vanguarda, o *jazz* e o *pop*.

• Circuitos culturais: o circuito letrado/universitário; o circuito da cultura de massas, o circuito de vanguarda e de contracultura.

• Tempos históricos: a herança da escravidão, a herança européia, os modernismos e as vanguardas históricas, as utopias nacional-populares de esquerda, a modernização capitalista (que se traduzia na esfera da indústria cultural).

A revisão das tradições anteriores e a revisão da própria memória musical sofreram, desde o início dos anos 70, um novo e duradouro processo de síntese, sobre cujos efeitos na longa duração da história musical ainda não podemos ter uma dimensão exata. Com a adesão aos modelos de música *pop* que, diga-se, já estavam presentes na própria MPB do final dos anos 60, a indústria fonográfica parece querer se livrar da hegemonia desse totem-tabu, sinônimo de "música popular" valorizada. Ao mesmo tempo, apesar do estrondoso sucesso do rock brasileiro dos anos 80 e dos gêneros populares dos anos 90 (sertanejo, pagode e axé e funk), estigmatizados pela classe média herdeira do "bom gosto" musical, os "monstros sagrados" da MPB – Chico Buarque, Caetano Veloso, Gilberto Gil, Maria Bethania, Milton Nascimento, Gal Costa, Djavan, entre outros – ainda permanecem como *tops* no cenário musical brasileiro, inclusive do ponto de vista comercial (se não em números absolutos, em valores agregados e relativos). O rock brasileiro dos anos 80, por exemplo, não chegou a negar a tradição poético-musical da MPB, como poderia parecer à primeira vista. A adesão de Lobão com o samba, Lulu Santos com a Bossa Nova e Arnaldo Antunes com os procedimentos poéticos do tropicalismo/concretismo, entre outras trajetórias, mostra a força catalisadora do movimento. No final de século XX, quando a indústria fonográfica amarga uma nova crise de mercado, a MPB continua fornecendo as balizas para o consumo da classe média, herdando o reconhecimento cultural adquirido entre os anos 60 e 70. Estas duas décadas marcam uma historicidade que parece ter assistido à última grande sistematização da tradição e da memória musical brasileiras, tese que exige, obviamente, uma análise mais acurada que foge aos limites deste texto.

Numa visão de longa duração, podemos vislumbrar no início dos anos 70 o fechamento de um processo cultural iniciado ainda nos anos 20, marcado pela necessidade de buscar a identidade nacional brasileira e para o qual concorreu de forma significante a esfera musical popular. A reflexão sobre as relações entre música e história (do Brasil) deve levar em contra este processo geral de configuração e crise do nacional-popular e da modernidade brasileira. Nossa música não apenas expressou, mas equacionou os impasses gerados ao longo deste processo, sob a perspectiva dos diversos atores envolvidos.

Apesar da MPB, enquanto sistema musical/cultural amplo, exercer o papel de vórtice de tempos históricos e tradições diferenciadas, qualquer história – social ou cultural – da nossa vida musical não pode reproduzir a indiferenciação dos tempos históricos e das séries culturais aglutinadas neste longo processo, memorizados sob uma aparente linearidade cronológica, de sucessão tranqüila de estilos, artistas e movimentos. Trata-se de examinar as diversas tradições específicas, os tempos históricos conforme sua inserção social e sua dinâmica próprias, examinar o material musical como elemento que imana uma pluralidade de memórias e projetos culturais, quase sempre conflitivos entre si.

A música popular tem traduzido e iluminado, a um só tempo, as posições e os dilemas não só dos artistas, mas também dos seus públicos e mediadores culturais (produtores, críticos, formadores de opinião). Ao mesmo tempo, esse tipo de problematização histórica só se torna possível na medida em que duas operações são conjugadas pelo pesquisador: a construção de ferramentas teórico-metodológicas claras e coerentes de análise das fontes (sobretudo as próprias fontes musicais); o exame (auto)crítico da própria historiografia (acadêmica, de ofício ou amadora), como parte formadora de tradições e memórias. No cotejo da obra/fonte histórica com o pensamento historiográfico que emerge em torno dela é que podemos redefinir a relação da música com a história.

Enfim, chegamos ao problema do método histórico e da historiografia, temas que ocuparão o próximo capítulo.

CAPÍTULO III

Para uma história cultural da música popular

Nos últimos anos, o campo da musicologia popular vem sendo cada vez mais delimitado, sem desconsiderar a sua natureza interdisciplinar e interprofissional, levando-se em conta o lugar da música popular nas sociedades contemporâneas, a partir de uma reflexão crítica em torno da natureza fonográfica e comercial deste tipo de música (GONZALEZ, 2004). A questão metodológica central, que vem emergindo dos debates, é problematizar a música popular, e particularmente a canção, a partir de várias perspectivas, de maneira a analisar "como" se articulam na canção - musical e poeticamente – as tradições, identidades e ideologias que a definem, para além das implicações estéticas mais abstratas, como um objeto sociocultural complexo e multifacetado (DONAS, 2004).

Nosso objetivo, neste capítulo, é apontar um conjunto de problemas teórico-metodológicos e sistematizar procedimentos básicos que orientem o pesquisador e que ele deve respeitar para realizar uma abordagem produtiva e instigante do documento-canção. O professor do ensino médio, da área de humanidades, também pode aproveitar alguns procedimentos sugeridos para as atividades com canções em sala de aula.

Neste sentido, é fundamental a articulação entre "texto" e "contexto" para que a análise não se veja reduzida, reduzindo a própria importância do objeto analisado. O grande desafio de todo pesquisador em música popular é mapear as camadas de sentido embutidas numa obra musical, bem como suas formas de inserção na sociedade e na história, evitando, ao mesmo tempo, as simplificações e mecanicismos analíticos que podem deturpar a natureza polissêmica (que possui vários sentidos) e complexa de qualquer documento de natureza estética. Portanto, o historiador, mesmo não sendo um musicólogo, deve enfrentar o problema da linguagem constituinte do "documento" musical e, ao mesmo tempo, "criar seus próprios critérios, balizas e limites na manipulação da documentação" (MORAES, 2000, p. 210). No campo da história, duas abordagens têm sido comuns, em torno do tema da música (popular): ou uma importação, nem sempre bem sucedida, de modelos teóricos ou o "primado do objeto", muitas vezes um eufemismo para uma abordagem puramente descritiva da obra, do contexto ou da biografia dos autores. Neste capítulo, vamos sugerir alguns pontos de reflexão e procedimento de análise da música em geral, e da canção em particular.

Tomamos como base para estes apontamentos o artigo de Arnaldo Contier, "O nacional e o popular na canção de protesto" (CONTIER, 1998), no qual o autor sugere alguns pontos de reflexão que podem ser vistos como a base para uma discussão teórico-metodológica mais ampla. A partir do comentário e desenvolvimento destes pontos, vamos tentar sistematizar algumas questões que apontem para uma história da música popular que dialogue com a história da cultura como um todo, e que sirva de base para o diálogo com outras abordagens e modelos analíticos (de áreas como a semiótica, a linguística, a musicologia e a sociologia).

Dupla articulação da canção popular: musical e verbal

O pesquisador deve levar em conta a estrutura geral da canção, que envolve elementos de natureza diversa e que devem ser articulados ao longo da análise. Basicamente, estes elementos se dividem em dois parâmetros básicos, que separamos apenas para fins didáticos, já que na experiência estética da canção eles formam uma unidade. São eles: 1) os parâmetros verbo-poéticos: os motivos, as categorias simbólicas, as figuras de linguagem, os procedimentos poéticos e; 2) os parâmetros musicais de criação (harmonia, melodia, ritmo) e interpretação (arranjo, coloração timbrística, vocalização etc).

Na perspectiva histórica, essa estrutura é perpassada por tensões internas, na medida em que toda obra de arte é produto do encontro de diversas influências, tradições históricas e culturais, que encontram uma solução provisória na forma de gêneros, estilos, linguagens, enfim, na estrutura da obra de arte. Na canção, a sua "dupla natureza" verbal e musical acirra o caráter instável do equilíbrio estrutural da obra (seja uma canção ou mesmo uma peça instrumental). Nesta perspectiva, a estrutura não contém em si todas as possibilidades de sua apropriação em outro momento histórico ou sob outros procedimentos de *performance*. Neste sentido, a análise histórica da música se afasta das análises oriundas da corrente semiótica. Na perspectiva desta última, a estrutura e a *performance* não apresentam discrepâncias, na medida em que a *dicção* do cancionista-compositor, presente na estrutura da obra, tende a se impor em todas as releituras e regravações (TATIT, 1995). Este método se baseia no cotejamento da "letra" com a altura das notas musicais correspondentes, formando um determinado desenho poético-melódico, base da *dicção* do cancionista. O método instigante de Tatit pode revelar certos aspectos estruturais básicos, importantes para identificar os procedimentos de criação e as bases lingüísticas da canção, mas não permite um aprofundamento da análise da canção (ou da música popular como um todo) enquanto documento histórico, que deve enfatizar os elementos diacrônicos gravados na estrutura.

O ponto de partida de qualquer análise é o resultado geral de uma estrutura poético-musical (no caso da canção) que chega até os nossos ouvidos pronta e acabada, bem ou mal resolvida, mais ou menos complexa, pouco ou muito bem articulada em suas diversas partes. Cabe ao pesquisador tentar perceber as várias partes que compõem a estrutura, sem superdimensionar um ou outro parâmetro. Foi muito comum, até o passado recente, a abordagem da música popular centralizada unicamente nas "letras" das canções, levando a conclusões problemáticas e generalizando aspectos parciais das obras e seus significados. Mas, como ponto de partida, a abordagem deve levar em conta a "dupla natureza" da canção: musical e verbal. Uma "dupla natureza" que desaparece no mesmo momento da composição. Aliás, o grande compositor de canções é aquele que consegue passar para o ouvinte uma perfeita articulação entre os parâmetros verbais e musicais de sua obra, fazendo fluir a palavra cantada, como se tivessem nascido juntos.

Se numa primeira abordagem é lícito separar os eixos verbal e musical, para fins didáticos, procedimento comum e até válido, deve-se ter em mente que as conclusões serão tão mais parciais quanto menos integrados estiverem os vários elementos que formam uma canção ao longo da análise. O efeito global da articulação dos parâmetros poético-verbal e musical é que deve contar, pois é a partir deste efeito que a música se realiza socialmente e esteticamente. Palavras e frases que ditas podem ter um tipo de apelo ou significado no ouvinte, quando cantadas ganham outro completamente diferente, dependendo da altura, da duração, do timbre e ornamentos vocais, do contraponto instrumental, do pulso e do ataque rítmico, entre outros elementos.

Mesmo sem conhecimento técnico, o ouvinte de música popular possui dispositivos, alguns inconscientes, para dialogar com a música. É óbvio que nem todos os ouvintes dialogam da mesma maneira nem com a mesma competência. Estes dispositivos, verdadeiras competências, não são apenas fruto da subjetividade do ouvinte diante da experiência musical, mas também sofrem a implicação de ambientes socioculturais, valores e expectativas político-ideológicas, situações específicas de audição, repertórios culturais socialmente dados. O diálogo-decodificação-apropriação dos ouvintes não se dá só pela letra ou só pela música, mas no encontro, tenso e harmônico a um só tempo, dos dois parâmetros básicos e de todos os elementos que formam a canção. Obviamente, existe um outro nível de experiência musical, que se dá na fruição de obras unicamente instrumentais, sejam voltadas para a audição intimista, sejam voltadas para a dança. Este ponto necessitaria de uma abordagem específica. No caso da dança, dado o seu caráter de experiência coletiva ligado, quase sempre, à juventude, as abordagens extramusicais deste fenômeno são tão importantes quanto a análise das músicas em si.

Planos multidimensionais da recepção (o compositor e o intérprete como receptores-criadores e o público ouvinte como receptor-fruidor)

O problema da recepção cultural tem sido um dos grandes desafios dos estudos culturais, como vimos no capítulo I, e se torna mais difícil ainda no caso da história cultural da música, na medida em que o objeto se encontra distante no tempo, construído a partir de uma diacronia que implica na impossibilidade de "reconstituir" ou mapear a experiência cultural dos agentes que tomaram parte no processo estudado. Como mapear e compreender os "usos e apropriações" (DE CERTEAU, 1994) dos artefatos culturais consumidos há dezenas e centenas de anos?

A abordagem mais óbvia, num primeiro momento, é a quantitativa. Até porque é a que dispõe de séries documentais mais ou menos organizadas. Os dados do IBOPE, no caso da música brasileira, oferecem um vasto material, praticamente ignorado pela maioria dos historiadores especializado s na música popular brasileira. A partir dos números frios dos relatórios e tabelas de consumo musical, temos uma primeira possibilidade de mapear os "hábitos e preferências de consumo musical", que obviamente não encerram toda a gama de experiências musicais de uma sociedade, num contexto histórico específico.

Mas é preciso, para ir além, compreender a recepção musical em planos multidimensionais e entrecruzados. Em outras palavras, a imagem clássica sobre a esfera da música popular que separa músicos e ouvintes em dois blocos isolados e delimitados deve ser revista. Um compositor ou músico profissional é, em certa medida, um ouvinte, e sua "escuta musical" é fundamental para a sua própria criação musical. Por outro lado, os "ouvintes" não constituem um bloco coeso, uma massa de teleguiados (como quer a vertente adorniana) nem um agrupamento caótico de indivíduos irredutíveis em seu gosto e sensibilidade (como quer a vertente relativista/culturalista). O ouvinte opera num espaço de liberdade mas que é constantemente pressionado por estruturas objetivas (comerciais, culturais, ideológicas) que lhe organizam um campo de escutas e experiências musicais.

A inserção do compositor num determinado espaço público é inseparável da formação de um determinado público musical (CHANAN, 1999). A construção da esfera musical (seja popular, folclórica ou erudita) não é uma correia mecânica de transmissão do produtor para o receptor, passando pelos mecanismos e instituições de difusão musical. As possibilidades e estímulos para a criação e para a escuta formam uma estrutura complexa, contraditória, com as diversas partes interagindo entre si.

Tomemos alguns exemplos. Quando a cantora Elis Regina apareceu para o grande público com sua voz expressiva e potente, por volta de 1965, causou um certo horror nos círculos bossanovistas mais radicais, pois ela não só revelava um outro leque de escutas pessoais (por exemplo, a influência do bolero dos anos 50) mas seu surgimento numa mídia específica ("televisão"), e, ao mesmo tempo, reclamando para si a tradição da "bossa", abalou toda a estrutura de audiência da música popular "moderna" no Brasil. Seu sucesso significou uma verdadeira ampliação do público de música brasileira "moderna", na medida em que suas canções e sua *performance* trouxeram novos segmentos socioculturais, cujo gosto musical não havia sofrido, ao menos de maneira profunda, o impacto da bossa nova. Em outras palavras, a estrutura de recepção da música popular "moderna" transformou-se com a incorporação de uma audiência até então mais ligada ao rádio e ao samba-canção (espaços da música popular considerada "tradicional"). Desse processo, nasceu a moderna MPB. Aliás, a sigla nasceu na época, justamente a partir da obra de duas intérpretes, Nara Leão e Elis Regina, que sintetizaram duas leituras iniciais da moderna MPB, que no final dos anos 60 transformou-se numa verdadeira instituição cultural brasileira (NAPOLITANO, 2001). Portanto, o universo de recepção de cantores, musicistas e compositores e o universo de recepção da audiência mais ampla (os chamados "ouvintes comuns") não podem ser vistos de maneira dicotômica nem generalizante, mesmo dentro do mesmo momento histórico, cuja configuração é sempre complexa e nunca completamente determinada por forças estruturais que estariam por trás dos fatos.

O problema da performance em relação aos aspectos estruturais da obra musical

Esse é um dos pontos mais polêmicos da discussão teórico-metodológica em torno da canção. No campo musical como um todo, incluindo aí a chamada "música erudita", e a música popular em particular, a *performance* é um elemento fundamental para que a obra exista objetivamente. A música, enquanto escritura, notação de partitura, encerra uma prescrição, rígida no caso das peças eruditas, para orientar a performance.

Mas a experiência musical só ocorre quando a música é interpretada. Para a evolução da linguagem da música erudita, a padronização da notação musical e a organização das regras de composição foram fundamentais na constituição de novas formas e experiências musicais, consagrando a importância da partitura como veículo de divulgação das obras musicais. Mas a obra musical apresentada na forma de uma partitura ainda assim não tem autonomia, apesar de traduzir a sofisticada racionalização da linguagem musical (WEBER, 1995). A partitura é apenas um mapa, um guia para a experiência musical significativa, proporcionada pela interpretação e pela audição da obra. Seria o mesmo equívoco de olhar um mapa qualquer e pensar que já se conhece o lugar nele representado.

No caso da música popular, o registro fonográfico se coloca como o eixo central das abordagens críticas, principalmente porque a liberdade do *performer* (cantor, arranjador ou instrumentista) em relação à notação básica da partitura é muito grande. É claro que esta liberdade tende a diminuir quanto mais formação o compositor tiver. Um compositor como Tom Jobim, por exemplo, com ampla formação de teoria musical, tende a elaborar uma partitura bastante completa e sofisticada, informando detalhadamente os intérpretes de suas músicas. Mas, mesmo nestes casos, para entendermos a complexidade de uma canção é importante o cotejamento entre o suporte escrito original (partitura, cifras) e o suporte fonográfico. Aquilo que ouvimos no fonograma é o produto de uma série de agentes que têm importância e função diferenciada, mas que em linhas gerais expressam o caráter coletivo dos resultados musicais que se ouve num fonograma ou se vê num palco. Na música erudita, há uma hierarquia clara entre compositor-maestro-instrumentista, com os dois últimos agentes do processo tendo a responsabilidade de serem fiéis à obra prescrita pelo compositor. Na música popular, nem sempre o cantor ou o instrumentista, apesar de ganharem mais destaque junto ao público, são os principais responsáveis pelo resultado da performance geral da canção. Isto ocorre sobretudo nos gêneros e canções de maior apelo popular, direcionadas para o sucesso fácil, nas quais as fórmulas de estúdio e os efeitos musicais pré-testados em outras canções tendem a se impor sobre qualquer criatividade ou inovação dos cantores, compositores ou músicos em si. Neste caso, há uma performance embutida dos produtores musicais, engenheiros de som e, em muitos casos, até dos diretores comerciais das gravadoras. Não que estes elementos não atuem também nas gravações das músicas de compositores respeitados e valorizados pela crítica mais exigente, mas o seu peso tende a ser menor.

A estrutura e a performance "realizam" socialmente a canção, mas não devem ser reduzidas uma à outra. Nem a estrutura deve ser superdimensionada, nem a performance vista como reino da absoluta liberdade de (re)criação. Seria mais produtivo, sobretudo para a análise histórica, trabalhar com o "entre-lugar" das duas instâncias. Esse "entre-lugar" é a própria canção, enquanto obra e produto cultural concreto.

Como já dissemos, o próprio conceito de estrutura, na música, deve ser visto com cuidado. Por outro lado, também o conceito de performance deve ser bem situado. Num conceito restrito, performance é tomada como o ato de interpretar, através do aparato vocal ou instrumental, uma peça musical, numa execução de palco/show. Mas, preferimos trabalhar com uma definição mais ampla. Como escreveu David Treece:

> a canção popular é claramente muito mais do que um texto ou uma mensagem ideológica [...] ela também é performance de sons organizados, incluindo aí a linguagem vocalizada. O poder significante e comunicativo desses sons só é percebido como um processo social à medida em que o ato performático é capaz de articular e engajar uma comunidade de músicos e ouvintes numa forma de comunicação social. (TREECE, 2000, p. 128)

Portanto, a performance ou ato performático configura um processo social (e histórico) que é fundamental para a realização da obra musical, seja uma sinfonia erudita ou uma canção popular. No segundo caso, a performance tem um campo de liberdade e criação ainda maior em relação às prescrições do compositor ou à gravação original, geralmente tida como paradigmática no caso das canções de sucesso. Por sua vez, a análise do papel da performance em música popular é inseparável do circuito social, no qual a experiência musical ganha sentido, e do veículo comunicativo, no qual a música está formatada, constituindo um verdadeiro conjunto de "ritos performáticos" (FRITH, 1998).

O veículo (mídia) da performance e suas implicações técnicas, comerciais, estéticas e ideológicas

Quando pensamos em música, ou melhor, quando pensamos numa canção específica, pensamos numa obra abstrata, lembrada a partir de uma certa "letra" e de uma certa "melodia". Não nos preocupamos muito em especificar qual versão, qual fonograma ("gravação"), qual situação social específica que ouvimos a tal canção, como tomamos contato com ela pela primeira vez. Lembramos da música como uma obra abstraída na nossa memória ou experiência estética.

Para aquele que se propõe a estudar a história da música, é preciso ir além. Não basta dizer que uma música significa isto ou aquilo. É preciso identificar a gravação relativa à época que pretendemos analisar (uma canção pode ter várias versões, historicamente datadas), localizar o veículo que tornou a canção famosa, mapear os diversos espaços sociais e culturais pelos quais a música se realizou, em termos sociológicos e históricos.

À primeira vista, tomamos o fonograma como fonte principal. Os pesquisadores mais meticulosos procuram localizar o fonograma específico, produzido dentro do contexto a ser estudado. Mas uma mesma canção pode ter vários suportes, implicando em problemas estéticos, comunicacionais e sociológicos diversos (vídeo, cinema, letra impressa, rádio, fonograma). Assim como uma mesma canção pode passar por vários espaços sociais, implicando em experiências e apropriações culturais diversas (um show ao vivo, o ambiente doméstico, a roda de violão, um salão de danças, um festival de TV). As duas instâncias estão ligadas e objetivam, historicamente e sociologicamente, a experiência musical de uma época ou sociedade. Outro problema é que nem todos os veículos técnicos ou espaços socioculturais têm o mesmo peso para todas as épocas e para todas as sociedades. Cabe ao historiador esquadrinhar, na medida do possível, as formas de objetivação técnica/comunicacional e experiência social da música que o seu tema específico exigem. Caso contrário, vamos ficar presos à análise do fonograma e das estratégias da indústria fonográfica, superdimensionando alguns veículos e espaços e desconsiderando outros que, muitas vezes, foram fundamentais para a construção de um determinado sentido para certas canções.

Tomemos o exemplo do tom épico que a memória social costuma lembrar dos festivais da canção dos anos 60. Essa memória é inseparável do sentido das imagens televisivas destes eventos, que imortalizou uma determinada relação de artistas e platéia que foram socializados pela TV. Esta relação, ora de comunhão (o aplauso emocionado), ora de conflito (a "vaia") é parte constituinte do sentido adquirido pelas "canções de festival" (*A banda, Disparada, Beto bom de bola, Ponteio, Alegria alegria, Domingo no parque*, entre outras) e da forma pela qual elas se tornaram parte do imaginário de uma época. Neste caso, temos diversos elementos que tomaram parte na construção do sentido social, ideológico e histórico das canções: a *p*erformance cênico-musical do cantor (o gestual, a expressão do rosto, as inflexões de voz), a performance interpretativa dos músicos (os arranjos, os vocais de apoio, os timbres principais, a distribuição no palco), o meio técnico de divulgação (no caso, a TV) e um tipo específico de audiência (a platéia dos festivais, com todas as suas características sociológicas e sua inserção histórica específica). Estes elementos citados, que não são propriamente estruturais ou inerentes à canção, mas histórico-conjunturais, imprimiram um determinado sentido para as canções, quase um filtro pelo qual elas se tornaram um "monumento" histórico dos anos 60.

A articulação entre os paradigmas de criação (fórmulas e cânones artísticos), as instituições de formação de técnica (conservatórios, métodos de ensino) e o gosto musical (crítica, formadores de opinião e imposições do mercado)

Neste ponto começamos a penetrar no âmbito de uma sociologia da música mais complexa, cujo campo de estudos tem sido muito fecundo (PETERSON, 1992; NORA, 1995; REGEV, 1997). Em suma, trata-se do desafio de analisar, a partir de uma sociologia histórica, os diversos agentes e instituições sociais envolvidos com a normatização da experiência social da música numa dada sociedade. As bases sociológicas da criação musical devem ser analisadas com muita sutileza e embasadas em dados concretos. Nos estudos em música popular brasileira, esta abordagem ou tem sido menosprezada, no caso das correntes de análise que se concentram na obra e seus aspectos internos, ou tem sido superdimensionada (em escala menor), correndo o risco de sugerir um "determinismo sociológico" mecanicista no estudo da experiência musical.

Na verdade, os agentes e instituições formadoras do "gosto" e das possibilidades de criação e consumo musicais formam um "contexto imediato" da vida musical de uma sociedade, cujo pesquisador deve articular ao contexto histórico mais amplo, ou seja, às grandes questões (culturais, políticas, econômicas) do período estudado. Em linhas gerais, estes elementos formam uma "esfera pública" da experiência musical, definindo as bases culturais da criação, da circulação e do consumo musical. Este tipo de abordagem exige uma coleta minuciosa de dados e fontes, não só quantitativas, mas sobretudo, qualitativas. A tipologia de fontes é vasta e apresenta um potencial pouco explorado no Brasil. Uma breve lista, a título de exemplo:

- Estatuto e programação de sociedades promotoras de concertos e bailes.
- Programas e currículos de escolas musicais.
- Métodos de ensino musical.
- Coletânea de partituras e canções cifradas (desde *songbooks* de edição refinada até livretos vendidos em bancas de jornais).
- Críticas de álbuns e shows escritas para seções fixas em jornais.
- Relatórios e material promocional de gravadoras e produtoras de espetáculos.
- Material produzido por fã-clubes (cartas, eventos, panfletos etc).

A lista seria enorme. Para ampliar o mapeamento das potencialidades heurísticas em torno da história cultural da música, seria necessário sistematizar os tipos de fontes em tipologias específicas: por linguagem (escrita, musical, iconográfica, audiovisual); por suporte (papel, fonograma, vídeo); por tipo de instituição (ensino, imprensa, editoras, casas de espetáculo etc). Infelizmente, no Brasil, as fontes básicas para a abordagem historiográfica da música popular – as próprias gravações originais – em muitos casos se perderam ou foram mantidas apenas pela boa vontade e empenho de colecionadores. O desenvolvimento de uma sociologia histórica ou de uma história cultural da música brasileira ainda demanda uma "revolução das fontes" e uma melhor organização de arquivos e museus especializados em nossa história musical. Sem este avanço documental, tanto do ponto de vista quantitativo (a incorporação de mais fontes) quanto do ponto de vista qualitativo (a incorporação de novos tipos de fontes para a história da música), os trabalhos de história pouco acrescentarão ao debate geral dos estudos musicais, sobretudo em relação aos agentes e instituições que formam a esfera pública da música.

O problema das tradições e diálogos com séries musicais e poéticas que constituem a tradição, propostas pelos compositores e intérpretes (diálogo presente-passado)

Os conceitos de "passado", "herança cultural" e "tradição" devem ser vistos com muito cuidado pelo historiador. Particularmente não defendo nenhum relativismo epistemológico, mas a operação historiográfica da cultura exige uma crítica não só ao sentido do passado, mas aos significados enraizados, eventos e valores culturais herdados e posição dos personagens e obras referenciadas pela tradição.

O passado e os elementos que constituem uma "tradição" cultural específica são constantemente redimensionados e mesmo refeitos. Algumas épocas quentes da história têm um peso maior que outras nesta operação que é cultural e ideológica a um só tempo. Certas épocas são "criadoras" e "doadoras" de tradições, criando mecanismos, inclusive institucionais, tão poderosos que conseguiram (re)marcar toda a memória social, por muitas décadas (poderíamos chamar de épocas "receptoras" de tradições ou momentos mais "frios" da história). Exemplo disso, foram os já mencionados anos 60. Esta década foi fundamental para a reorganização da esfera musical-popular, operando mudanças profundas num cenário e numa linguagem musical que fora herdada dos anos 30 (outra década importantíssima para a história da música popular, no Brasil e no mundo).

    Na história da música, tanto "erudita" como "popular", é muito forte a tendência para as visões lineares da história, lastreando análises baseadas numa sucessão de estilos, obras e autores "dominantes" em cada momento. Mas na prática musical de compositores e intérpretes, assim como na estrutura da audiência, temos uma pluralidade de tempos e tradições, muitas vezes conflitiva, que transforma a criação e o consumo musical num labirinto histórico, em cujas galerias se encontram vários passados, materializado em vários estilos, gêneros e temas poético-musicais. No caso brasileiro, como a música popular está diretamente imbricada em nosso processo de modernização, ela acaba concentrando expectativas de objetivação histórica, de superação de um determinado passado, cujo sentido é fruto dos projetos culturais e ideológicos em jogo. O projeto que assume a hegemonia, num determinado momento histórico, tende a determinar o que é moderno e o que é arcaico (leia-se, o que deveria ser lembrado e imitado e o que deve ser esquecido). A história, em todos os seus campos, apresenta uma sucessão assimétrica e irregular de projetos hegemônicos para cada área da vida social que dão forma a uma estrutura social também instável e de movimento e ritmo irregulares. É dentro deste princípio geral que pensamos o problema da tradição e do diálogo presente-passado na música popular.

    Objetivamente, este ponto nos remete à crítica e a noções que vêm norteando a reflexão da história da arte em geral, e da música em particular: evolução, "obra-prima", "gênio" criador. Na prática artística, na esfera social da arte e na historiografia, estas categorias são fundamentais na organização da experiência e da fruição estética. Mas o historiador deve ficar atento para não reproduzi-las de maneira mecânica no seu trabalho. Na música popular, na medida em que a maioria dos pesquisadores é *scholars-fans* (fãs acadêmicos), esse risco é ainda maior.

É preciso levar em conta aspectos descontínuos da história: a historicidade múltipla; a problematização dos valores de apreciação e das hierarquias culturais herdadas pela memória e pela tradição; a análise dos mecanismos sociológicos, a cultura política e musical de um período e sua influência no meio musical; o ambiente intelectual, as instituições de ensino e a difusão musical. O processo histórico tende a ser mais complexo do que o vício positivista de sucessão linear de "datas-fatos-personagens", ou mesmo visão determinista de um tipo de marxismo que vê a cultura como um "reflexo" da realidade "mais real" (econômica e política).

A problematização da "escuta" musical

Este é um conceito fundamental na historiografia renovada da música. Conforme Arnaldo Contier:

> Os sentidos enigmático e polissêmico dos signos musicais favorecem os mais diversos tipos de escuta ou interpretações – verbalizados ou não – de um público ou de intelectuais envolvidos pelos valores culturais e mentais, altamente matizados e aceitos por uma comunidade ou sociedade. A partir dessas concepções, a execução de uma mesma peça musical pode provocar múltiplas "escutas" (conflitantes ou não) nos decodificadores de sua mensagem [...] de acordo com uma perspectiva sincrônica ou diacrônica do tempo histórico. (CONTIER, 1991, p. 152)

Outros autores têm se debruçado sobre a sistematização da abordagem da escuta, sobretudo aquela dirigida à música popular. Neste campo, as escutas tendem a ser mais plurais, na medida em que a música popular não sofre o mesmo tipo de cerceamento sociocultural que a música erudita, confundindo-se com atividades cotidianas de lazer, política, sexualidade (e até fruição estética...).

Richard Middleton aponta para a existência de três modos de "audibilidade" (ou estratégias subjetivas de audição da música): 1) O modo "aurático" (confirma identidade, totalidade e continuidade das tradições); 2) O modo "crítico" (nos joga para fora de uma identidade dada, fratura a totalidade e a continuidade, através da busca do choque e das contradições internas da estrutura musical); 3) O modo "cotidiano" (nos absorvendo em ambiente mais amplo, de maneira descompromissada e dentro de um conjunto de outras atividades). Mesmo advertindo que estes modos não são autoexcludentes, admitimos que eles podem servir de ponto de partida para uma compreensão maior das historicidades das escutas musicais.

Na questão da escuta musical, o que está em jogo é a problematização de algo que é considerado um "dom" inato e subjetivo e uma capacidade biológica, o ato da audição voltado para a apreciação musical. Para o historiador, o fator "subjetividade" deve ser problematizado até um certo limite, até para ajudar a entender a inserção concreta da música na história e na sociedade.

Alguns fatores que atuam na música popular, em relação à construção da subjetividade, podem ser pensados (MIDDLETON, 1990):

• Estrutura sintagmática (qual a consciência temporal que é proposta ao ouvinte): épica, lírica, narrativa?

• A emoção que a música convida a sentir (empática, simpática, reciprocidade ou não...)

• Os tipos e papéis que a música veicula e que o ouvinte pode eventualmente identificar. Personificados no cantor, mas também nas estruturas das letras, nas conotações do gênero e estilo musicais, na intertextualidade que a canção concentra.

- Participação corpórea na experiência da canção (textura musical e estrutura rítmica).

Todas estas questões de ordem histórica e sociológica não negam o nível da experiência estética subjetiva da música, mas colocam uma outra ordem de questões. A experiência da "escuta" é mediada por outros aspectos da experiência musical (comunicacionais, expressivos, cinéticos, valorativos). Num certo sentido, a estética da música popular ainda está marcada pela "*musica practica*" (música para ser ouvida com o corpo, com os músculos), muito importante no ocidente até o século XVIII). Ao contrário, portanto, da "abstração" da música, marca da esfera pública burguesa (na qual a arte substituiu a religião). Portanto, "subjetividade" e "esfera pública" não se auto-excluem e, na experiência musical, se construíram mutuamente (CHANAN, 1999, p. 27-52).

****

A partir deste ponto, vamos tentar sistematizar alguns procedimentos de análise da música popular, na qualidade de fonte histórica, com especial aplicação para a forma-canção.

1) A seleção do material

Ao escolher uma canção como fonte de pesquisa ou instrumento didático, o profissional pode correr o risco de achar que a sua sensibilidade, seu gosto pessoal e sua acuidade crítica podem dar conta da pertinência da seleção para análise. Ledo engano...

Trata-se, antes de mais nada, de uma escolha metodológica, cuja única garantia de "acerto" é a sua coerência interna e sua pertinência crítica. Portanto, temos um problema anterior, um procedimento básico para qualquer trabalho deste tipo, em qualquer área do saber. A escolha das canções constitui parte de um "corpo" documental que deve estar coerente com os objetivos da pesquisa ou do curso em questão. Ou seja, ao montar um curso ou um objeto de pesquisa, o profissional deve não só conhecer a sua área de competência geral, operando as articulações necessárias com a historiografia mais abrangente (ex.: História do Brasil, da América etc.), mas procurar o máximo de informações na área específica, da qual "seu" corpo documental emergiu (no caso, a história da música popular brasileira).

A aquisição de conteúdo específico, através de uma pesquisa bibliográfica básica, neste caso, é condição fundamental para uma boa seleção documental. Este cuidado, aparentemente banal mas nem sempre observado, pode garantir a pertinência das escolhas para muito além do gosto e/ou das preferência excessivamente pessoais. Uma canção que, aparentemente, achamos sem interesse estético ou sociológico, pode revelar muitos aspectos fundamentais da época estudada.

O conhecimento dos arquivos com acervos fonográficos e escritos referentes à música, seja de caráter público ou privado, é fundamental para o pesquisador. Dentre eles, deve-se mapear o potencial documental que irá fundamentar a pesquisa histórica em torno da canção. Existe um grande potencial heurístico sobre a história da música brasileira, ainda pouco explorado pelos pesquisadores, a começar pelos próprios fonogramas veiculados por discos 78 RPM, entre 1901 e 1964, e *long playings* e compactos entre 1950 e 1989 (em 1987, surgiu o CD). Uma das dificuldades iniciais é a inexistência de bons catálogos discográficos e instrumentos de pesquisa sobre MPB, apesar deste último item ter sido bem suprido na década de 90 (ver, por exemplo, a *Enciclopédia de Música Brasileira*). Faltam bibliografias comentadas, arquivos indexados de críticas veiculadas na imprensa diária, reproduções de fontes ligadas à história da música (programas de shows, cartazes, partituras etc.). A maioria do material documental ainda se encontra em estado bruto, nas coleções e arquivos espalhados pelo Brasil.

2) Características gerais da forma-canção

Afinal, o que é a forma-canção? Como deve ser a sua abordagem histórica? Como "retirar" as informações deste tipo de documento estético sem cair num relativismo absoluto? Estas costumam ser as primeiras perguntas do pesquisador. Por sua vez, remetem ao problema básico do "método", uma palavra que muitas vezes não é encarada com a seriedade devida. A rigor, a melhor abordagem é a interdisciplinar, na medida em que uma canção, estruturalmente, opera com séries de linguagens (música, poesia) e implica em séries informativas (sociológicas, históricas, biográficas, estéticas) que podem escapar à área de competência de um profissional especializado.

Ao mesmo tempo, a canção vai além de todas estas linguagens e informações específicas, realizando-se como um artefato cultural que não é nem música, nem poesia (nos sentidos tradicionais), nem pode ser reduzida a um reflexo singular da totalidade que a gerou (da sociedade, da história, do autor ou do estilo musical).

Entretanto, nem sempre a abordagem interdisciplinar é possível, e nos vemos diante do dilema de escolher um dos parâmetros para análise, geralmente aquele cuja linguagem mais dominamos. Quase sempre, ao menos na área de humanidades (sobretudo história), o pesquisador opta por analisar a "letra" da canção, priorizando esta instância como a sua base de leitura crítica. Este recorte, por mais justificado que seja, traz em si alguns problemas: além de reduzir o sentido global da canção, desconsidera aspectos estruturais fundamentais da composição deste sentido, como o arranjo, a melodia, o ritmo e o gênero. Muitas vezes o impacto e a importância social da canção estão na forma como ela articula a mensagem verbal explícita à estrutura poético-musical como um todo.

3) Parâmetros básicos para a análise da canção

Toda canção, enquanto texto, põe em funcionamento dois parâmetros básicos:
- Parâmetros poéticos ("letra")
- Parâmetros musicais ("música")

Estes dois parâmetros isolados não traduzem a experiência do ouvinte e o sentido – social, cultural, estético – de uma canção. Como escreveu Arnaldo Antunes:

> A incorporação do berro e da fala ao canto; o estabelecimento de novas relações entre melodia e harmonia; o reprocessamento e colagem de sons já gravados; os ruídos, sujeira, microfonias; as novas concepções de mixagem, onde o canto nem sempre é posto em primeiro plano, tornando-se em alguns casos apenas parcialmente compreensível; a própria mesa de mixagem passando a ser usada quase como um instrumento a ser tocado. Tudo isso altera a concepção de uma letra entoada por uma melodia, sustentada por uma cama rítmica-harmônica. O sentido das letras depende cada vez mais do contexto sonoro. (ANTUNES, 2000, p. 46)

Portanto, mesmo que durante a análise, para efeito didático e comunicativo, tenhamos que separar estas duas instâncias, *não podemos esquecer de pensá-las em conjunto e complemento*. Obviamente, se o pesquisador possuir algum conhecimento de teoria musical, tanto melhor. Com o desenvolvimento das pesquisas acadêmicas sobre a canção, que deram um salto quantitativo e qualitativo a partir de meados dos anos 80, torna-se praticamente obrigatório lidar com a linguagem musical da canção, mesmo para fins de análise histórica. Ainda que o pesquisador não enfoque os mesmos problemas e não se prenda às abordagens da musicologia, a linguagem musical não deve ser negligenciada.

Apresentamos, em seguida, um procedimento básico para abordar a estrutura do texto-canção que, a princípio, não implica maiores dificuldades. A única exigência é a audição repetida, atenta e minuciosa do material selecionado, tendo como apoio a leitura da letra impressa.

4) Parâmetros poéticos ("Letra"):

a) Mote (tema geral da canção);

b) Identificação do "eu poético" e seus possíveis interlocutores ("quem" fala através da "letra" e "para quem" fala);

c) Desenvolvimento: qual a fábula narrada (quando for o caso); quais as imagens poéticas utilizadas; léxico e sintaxe predominantes;

d) Forma: tipos de rimas e formas poéticas;

e) Ocorrência de figuras e gêneros literários (alegoria, metáfora, metonímia, paródia, paráfrase etc.);

f) Ocorrência de intertextualidade literária (citação de outros textos literários e discursos).

5) Parâmetros musicais ("Música"):

a) *Melodia*: pontos de tensão/repouso melódico; "clima" predominante (alegre, triste, exortativo, perturbador, lírico, épico etc.); identificação dos intervalos e alturas que formam o desenho melódico (com apoio da partitura);

b) *Arranjo*: instrumentos predominantes (timbres), função dos instrumentos no "clima" geral da canção; identificação do tipo de acompanhamento (homofônico de tessitura densa ou polifônico, de tessitura vazada e contrapontística);

c) *Andamento:* rápido, lento;

d) *Vocalização*: tipos e efeitos de interpretação vocal, levando-se em conta: intensidade (muito volume/pouco volume), tessitura atingida (graves/agudos); forma de divisão das frases musicais e das palavras que formam a "letra"; ocorrência de ornamentos vocais;

e) *Gênero musical*: geralmente confundido com o "ritmo" da canção (samba, pop/rock, sertanejo etc.);

f) Ocorrência de intertextualidade musical (citação incidental de partes de outras obras ou gêneros musicais);

g) "Efeitos" eletro-acústicos e tratamento técnico de estúdio (balanceamento dos parâmetros, texturas e timbres antinaturais);

Paralelamente à análise dos dois conjuntos de parâmetros, é preciso nunca perder de vista os efeitos gerados pela totalidade "letra/música". Algumas questões podem ajudar a entender esta totalidade:

• O "clima" e a mensagem observados na "letra" são confirmados pelo "clima" da melodia, e vice-versa?

• Partindo do princípio de que o arranjo é uma espécie de "comentário" da canção, quais os efeitos de um determinado arranjo para a canção analisada? (sempre que possível, compare com outros arranjos para a mesma canção).

• Quais os efeitos causados pela voz do cantor-intérprete, dentro do conjunto geral da canção?

Lembro também que os critérios de entendimentos e análise sociológica e estética da canção não são absolutos. Os parâmetros acima mencionados podem mudar de sentido ao longo da história, adquirindo outras implicações ideológicas e culturais. Por exemplo, o escândalo produzido pela utilização de guitarras elétricas na MPB, em 1967: um simples timbre instrumental trazia em si um conjunto de significados não só estéticos, mas ideológicos e culturais. Hoje em dia, o uso de guitarras elétricas e outros instrumentos eletrônicos não causa maiores impactos. Por outro lado, os gêneros musicais podem adquirir novos sentidos ao longo do tempo: no caso do samba, não se pode negligenciar o papel da Bossa Nova, na valorização social e estética de um gênero popular que, até 1959, foi alvo de preconceitos da elite sociocultural do país.

D) Instâncias de análise contextual

Definidas as linhas gerais da estrutura "textual" da canção, o pesquisador, concomitantemente, deve encarar o problema do pólo "contextual" da canção. Há um tempo e um espaço determinados e concretos, através dos quais a canção se realiza como objeto cultural. Cabe ao pesquisador traçar o mapa dos circuitos socioculturais e das recepções e apropriações da música, dependendo do enfoque da sua pesquisa.

Geralmente, temos que levar em conta quatro instâncias contextuais da canção:

1) *Criação*: a canção é produto de uma subjetividade artística, que não é isolada. Todo artista dialoga com uma ou mais tradições estéticas, possui formação cultural específica, tem sua singularidade biográfica e psicológica, atinge um certo grau no domínio técnico do seu campo de expressão e tem uma determinada colocação social e simbólica no seu tempo.

Por outro lado, uma obra singular possui um universo referencial determinado, cuja identificação é importante na análise. Por exemplo, a referência ao "sol" na letra de "Alegria, Alegria", de Caetano Veloso, não tem apenas implicações metafóricas. A palavra remete a um jornal de significativa circulação entre a juventude intelectualizada dos anos 60.

Outro ponto que costuma ser negligenciado é a identificação do interlocutor privilegiado da obra. O artista, ao criar uma obra, procura passar uma mensagem diante não só de um contexto específico, mas tendo em mente um grupo social ou um campo sociocultural determinado, incluindo-se aí as implicações político-ideológicas da sua obra. Por exemplo, não se pode entender "Caminhando", de Geraldo Vandré, sem levar em conta que esta canção foi criada com a intenção de ajudar a encaminhar os dilemas do movimento estudantil (e da esquerda como um todo) na resistência ao regime militar, em 1968.

2) *Produção*: A obra, produto de um artista e plena de intenções comunicativas e subjetividades expressivas, passa para uma instância de produção que muitas vezes escapa ao artista. Além das implicações comerciais do seu trabalho, há um aspecto mais óbvio: a música não existe como obra, a não ser quando realizada por um intérprete (ou conjunto de intérpretes). O intérprete é um fator estrutural na canção.

Para circular socialmente, a canção não só passa por uma leitura do(s) intérprete(s), como deve se transformar em artefato que é resultado de um tratamento técnico, lastreado por uma tecnologia de registro e suporte sonoro historicamente determinada. Esta cadeia tecno-industrial, por sua vez, acaba interferindo no próprio ato do criador e do intérprete. Por exemplo, cantores como Orlando Silva e Carmem Miranda só tiveram suas vozes gravadas em disco em função da introdução da gravação elétrica, a partir de 1927, que permitiu o registro de vozes mais sutis e de menor potência. O florescimento da música popular brasileira nos anos 60, articulada em torno de alguns artistas-compositores, esteve associado à explosão do consumo de *long playings*. O LP, suporte de um conjunto de canções, geralmente traduzia uma fase de criação do compositor ou de um gênero específico identificado pelo público.

3) *Circulação*: uma instância muitas vezes negligenciada na análise contextual é aquela que procura identificar o meio privilegiado de circulação e de escuta de uma canção, um gênero, um artista ou movimento musical. A forma privilegiada de "circulação" pode estar vinculada a um meio técnico ou a um meio sociológico específico. Por exemplo: o rádio nos anos 30; a televisão nos anos 60; o carnaval e as festas populares no começo do século; o movimento estudantil para as canções engajadas dos anos 60; os festivais da canção, entre

1965 e 1969. Esta instância é complexa, entrecruzada e costuma caracterizar um determinado hábito musical ou uma forma social e histórica de escuta.

4) *Recepção/apropriação* (lembro que estas categorias não significam as mesmas coisas, mas para efeito didático, vou mantê-las como similares): instância intimamente articulada à anterior, mas de outra ordem. Podemos caracterizá-la como relacionada às formas de recepção das canções, que pode ter muitas variantes: grupo ou classe social; poder aquisitivo; faixa etária; gênero sexual; escolaridade; preferências ideológicas e culturais. Se o contexto da "circulação" implica na mediação de instituições predominantes e estágios tecnológicos vigentes na sociedade, o contexto da "recepção" implica na forma de apropriação, pelos grupos sociais, dos artefatos culturais, a qual pode mudar completamente o sentido inicial, intencionado pelo artista-criador e pelas instituições responsáveis pela produção e circulação.

A análise das instâncias e formas de recepção da música popular é um dos grandes desafios atuais da pesquisa histórica, dificultado não só pela precariedade documental, mas também pela ausência de uma discussão metodológica mais apropriada. Quase sempre as análises tendem a ser impressionistas ou confirmar tradições de opinião e memória, que nem sempre traduzem a pluralidade da experiência histórica e a complexidade do contexto analisado. Na música brasileira, uma das principais questões de pesquisa em torno da MPB "moderna" é o uso ideológico das canções (sobretudo durante a resistência civil ao regime militar) e a efetiva assimilação das intenções políticas das obras.

Para avaliar e analisar a eficácia política da música, Richard Middleton propõe um conjunto de questões (MIDDLETON, 1990, p. 254):

- Quantas vozes, posições e identidades estão engajadas na prática musical em questão? Quanto mais amplas e plurais, mais existe a possibilidade da comparação, ou seja, crítica?
- A prática musical provoca debate?
- Ela provoca choque (não necessariamente do "novo", mas em relação às normas e auto-imagens do ouvinte?
- Quão profunda é a resposta potencial ou efetiva? Profundidade que deve ser entendida não num sentido "estético" mas em relação à decodificação dos níveis estruturais da canção (cognitivo, afetivo, cinético etc.).
- Qual é o poder mobilizador da música? Qual tipo de atividade ela provoca?
- Por extensão da questão anterior, qual tipo de agenciamento a música estimula?
- Qual o seu poder conectivo (em relação a outros discursos e práticas)?
- Qual a ordem de desejo que está em jogo?

Todas estas questões, de ordem pragmática, colocadas diante das práticas musicais, devem ser vistas como parte da estratégia política de participação, a partir da experiência musical. A participação não pode ser quantificada, pois ela só pode ser avaliada em relação a outras formas de participação político-social vigentes no período analisado e na sociedade analisada, formando um todo coerente e articulado à cultura política e valores ideológicos do grupo em questão. (MIDDLETON, 1990, p. 255).

Mas a recepção das canções não apenas se mede pelo "uso político" delas. Embora este aspecto no Brasil tenha sido superdimensionado, inclusive pela posição específica que o sistema da música popular ocupara na vida sociocultural como um todo, a canção pode colocar em operação outros "valores" no momento de sua recepção. Middleton propõe uma tipologia de valores envolvidos numa canção, com base nas funções da linguagem propostas por Roman Jakobson (MIDDLETON, 1990, p. 253):

- *Valores comunicativos*: a música diz alguma coisa, similar às funções emotiva e referencial de R. Jakobson.
- *Valores rituais*: criação de solidariedade, consciência dos problemas cotidianos etc.. Função fática.
- *Valores técnicos:* explicitam como a música é feita, tornam familiar seus códigos, normas e fórmulas. Função metalingüística.
- *Valores eróticos:* música envolve, energiza e estrutura o corpo, sua superfície, músculos, gestos e desejos. Função conativa.
- *Valores políticos:* podem ser expressão de identidade (opositora ao sistema) ou de protesto, estrito senso (denúncia de algo). No primeiro caso, função fática. No segundo, emotiva e referencial.

Estas propostas metodológicas podem servir para abordar o problema da recepção musical e do balizamento da análise, exigindo que o pesquisador desenvolva uma análise mais sutil e uma escala de observação mais ampliada, evitando afirmações genéricas e inferências sem apoio analítico. Não se trata de buscar um modelo teórico rígido e mecânico, aplicável a qualquer objeto ou fonte de pesquisa. Na pesquisa histórica, e a pesquisa sobre a música não foge à regra, a teoria serve muito mais para elaborar as perguntas do que para premeditar as respostas.

A crítica historiográfica

Um outro aspecto metodológico importante é o aprimoramento de uma crítica historiográfica, tendo em vista as especificidades da história da música. A verbalização explicativa das obras, muitas vezes assumidas pelas tradições de análise (historiografia), implica na necessidade de cotejo com as obras musicais citadas pelos autores. Neste cotejamento sistemático, pode emergir a tensão entre memória e história e os critérios de seletividade historiográficos, elementos detonadores da crítica historiográfica.

Qualquer livro de História, e, particularmente um livro de história da música, é uma tentativa de ordenar e sistematizar um ponto de vista sobre o passado. Ponto de vista que não é produto de uma "vontade" caprichosa do autor, mas de um conjunto de possibilidades heurísticas, teóricas e imposições culturais e ideologicas de uma determinada época. A historiografia não está acima do seu tempo e mesmo os trabalhos mais bem acabados e influentes são trabalhos datados. Além disso, articulam a memória e as tradições culturais de uma dada maneira, que nos bons trabalhos é coerente com as teses defendidas.

Falar de música num livro representa um desafio muito grande, na medida em que a música é, basicamente, experiência sonora. Os autores que compõem a literatura sobre música (particularmente a historiografia) tentam lidar com esta dificuldade de diversas maneiras, tentando traduzir para o leitor suas análises e juízos em torno das obras musicais.

Como em qualquer ensaio acadêmico, os livros de história da música apresentam algumas partes que devem ser analisadas cuidadosamente pelo pesquisador, que na verdade é um leitor sistemático.

- Tese central;
- Linha de argumentação;
- Periodização (recorte temporal) e contexto analisado (recorte espacial);
- Conceitos e categorias de análise;
- Fontes citadas (musicais e não-musicais);
- Debate historiográfico.

Mesmo em livros de outra natureza (biografias, crônicas, memórias), os autores se prendem a determinados personagens, temas, datas, ritmos e perspectivas ideológicas sobre o assunto tratado. Nos livros de caráter ensaístico-acadêmico, a estrutura é mais rígida, mas por outro lado, o leitor mais desavisado pode assimilar o texto como pressuposto de "verdade objetiva". Uma leitura sistemática e crítica deve evitar esta leitura "aurática".

Os pontos acima relacionados devem gerar questões diretivas que, na medida do possível, devem pautar a crítica historiográfica:

• Qual o conceito de obra-prima e obra medíocre em jogo? Nem sempre a fixação da análise nas obras consideradas "primas", transmitidas e perpetuadas por uma certa herança cultural, esclarecem o quadro histórico de uma época e a riqueza de uma luta cultural em torno da música.

• Qual a visão de história do autor e sua posição acerca da função social da arte e da música? Normalmente, estas posições que dirigem os autores são datadas e, muitas vezes, produzidas dentro de um espírito de polêmica e debate. Se o historiador não problematizar a perspectiva, ainda que tenha simpatia por ela, corre o risco de assumir pontos de vista que só tiveram sentido no passado.

• Qual o peso relativo das fontes musicais e não musicais na composição da análise? Nem sempre a linha argumentativa dos autores que analisam a história da música se constrói a partir de uma extensa análise de obras musicais em si. Muitas considerações são construídas a partir de fontes escritas e depoimentos de outros, mas que muitas vezes são diluídas no texto. Cabe ao pesquisador identificar a dinâmica e o uso das fontes na construção do livro analisado.

• Qual a relação do autor analisado com as tradições historiográficas, sejam as tradições mais amplas (história política, econômica, social, cultural), seja a tradição específica (história da música)? É muito importante identificar o posicionamento do autor em relação à historiografia e mesmo às tradições estéticas. Muitas análises são construídas numa perspectiva de revisar e se opor a certas tradições ou, ao contrário, para legitimar certas perspectivas e propostas estético-ideológicas e historiográficas anteriores.

É possível identificar o tipo de "escuta ideológica" (CONTIER, 1991) do autor em questão? O conceito de "escuta ideológica" nos permite analisar o peso de determinados critérios de apreciação e julgamento musical com base nos valores e projetos culturais e ideológicos que informam o crítico ou o historiador. O princípio geral de desconstrução e crítica historiográfica é cotejar a sua escuta como pesquisador com a escuta do autor em questão, que aparece no livro analisado, na forma de considerações sobre as diversas canções citadas na obra. Neste cotejamento é possível perceber quais aspectos das músicas foram minimizados e quais foram destacados na análise? Nem sempre a escuta do autor analisado, por mais que seja um clássico da historiografia, é a única possível. Uma música pode ter várias chaves de interpretação, todas elas objetivamente sugeridas pelos próprios elementos musicais e poéticos que formam a canção em seu conjunto.

Não se deve operar este procedimento de crítica por simples prazer desconstrutivo ou arrogância intelectual (aquela postura que desqualifica tudo o que foi feito antes). Este método de leitura visa ampliar as possibilidades de debate e crítica das interpretações consagradas que, por vezes, são entraves para análises mais amplas e sob outras perspectivas. Além disso, não se trata de relativizar todas as afirmações no limite de fazer evaporar a historiografia. Afinal, toda obra historiográfica tem um "momento positivo", como dizia Gramsci, na medida em que socializa certos eventos que, por mais que sejam questionados em seu estatuto de "verdade objetiva", pautam uma determinada memória histórica e direcionam um conjunto de ações sociais efetivas em torno daquele assunto. O historiador deve se posicionar em relação às tradições de análise, identificando-se com algumas e rejeitando outras, mas não pode fazê-lo de uma maneira inconsistente. A leitura crítica e sistemática da bibliografia faz com que o pesquisador tenha uma consciência arguta do debate que está em jogo.

CONCLUSÃO

Ao longo destes três capítulos, procurei sintetizar diversas questões que ajudam a entender melhor a relação da história com a música, principalmente a chamada "música popular". Tentei igualmente sistematizar a relação do historiador com a música. Tarefas que, como já escreveu José Miguel Wisnik, constituem "um convite ao erro... irrecusável".

A música brasileira forma um enorme e rico patrimônio histórico e cultural, uma das nossas grandes contribuições para a cultura da humanidade. Antes de inventarem a palavra "globalização", nossa música já era globalizada. Antes de inventarem o termo "multiculturalismo", nossas canções já falavam de todas as culturas, todos os mundos que formam os brasis. Antes de existir o "primeiro mundo", já éramos musicalmente modernos. Além disso, nossa música foi o território de encontros e fusões entre o local, o nacional e o cosmopolita; entre a diversão, a política e a arte; entre o batuque mais ancestral e a poesia mais culta. Por tudo isso, a música no Brasil é coisa para ser levada muito a sério. Apesar disso, apenas recentemente (leia-se nos últimos vinte anos) as ciências humanas têm se debruçado de forma mais sistemática sobre este tema. Ainda há muito por ser feito e este livro tentou ser uma pequena ajuda, sobretudo para aqueles que estão se iniciando no tema.

Procurei me afastar de dicotomias fáceis que separam radicalmente o campo popular do campo erudito, assim como tentei demonstrar que a estética e o gosto dos consumidores musicais não pairam soltos no ar das idéias, mas remetem a questões históricas, sociológicas, lingüísticas, comunicacionais, enfim, todo o conjunto de variáveis que contribuem para os estudos musicais. Mais do que uma história da música por si e em si, a tendência atual, perceptível nos congressos de musicologia e de estudos musicais, é a articulação entre história da cultura e história da música. Portanto, ainda que a História, como disciplina específica, tenha muito a contribuir, o historiador deve, necessariamente, dialogar com outras disciplinas. Este livro foi pautado por esta tendência multidisciplinar, como atesta a origem diferenciada dos autores citados.

Procurei mostrar como a música, no caso específico do Brasil, foi um ponto de fusão importante para os diversos valores culturais, estéticos e ideológicos que formam o grande mosaico chamado "cultura brasileira". Ponto de encontro de etnias, religiões, ideologias, classes sociais, experiências diversas, ora complementares, ora conflitantes, a música no Brasil foi mais que um veículo neutro de idéias. Ela forneceu os meios, as linguagens, os circuitos pelos quais os vários brasis se comunicaram. Nem sempre esta comunicação foi simétrica e igual entre os diversos agentes sociais e históricos envolvidos, na medida em que a música também incorporou os dramas e conflitos da nossa formação histórica mais profunda e do nosso acelerado processo de modernização capitalista. Por todos estes elementos, a música, popular ou erudita, constitui um grande conjunto de documentos históricos para se conhecer não apenas a história da música brasileira, mas a própria História do Brasil, em seus diversos aspectos.

Por outro lado, tentei me afastar da emissão de juízos de valores absolutos, tendência quase natural quando trabalhamos com documentos estéticos. Não porque acredito na "neutralidade" do historiador, mas porque o excesso de juízo de valor geralmente cega o analista para os inúmeros aspectos que se escondem atrás de um documento musical, que vão além da complexidade ou da mediocridade puramente estética. Apontei para a necessidade de confronto de diversas possibilidades teórico-metodológicas, de acordo com a problemática construída pelo analista. Como complemento, enfatizo que a música esconde inúmeros níveis de realização social, tais como a criação artística, a produção sonora, a circulação econômica, a recepção comercial e a crítica. A história cultural da música é formada por todos estes níveis.

No Brasil, somos particularmente privilegiados no campo dos estudos musicais, pois nossa música apresenta um particular vigor em todas estas instâncias. Além disso, possui uma importância cultural e política que tem muito pouco paralelo em outros países, mesmos entre os chamados "países desenvolvidos". No campo da música, o Brasil já tem tradição, obras consagradas e experiências instigantes. Estamos começando a cuidar do patrimônio musical acumulado, com a organização de acervos e catálogos (embora ainda nos falte muito nesta área). Mas ainda precisamos de mais estudiosos especialistas que encarem seriamente o tema. Espero que este livro tenha sido um bom começo para aqueles que se interessam pela história da música, mas ainda não tomaram a coragem para se aprofundar neste labirinto de idéias e sons.

REFERÊNCIAS BIBLIOGRÁFICAS

ADORNO, Theodor. "O fetichismo da música e a regressão da audição" In: *Os Pensadores*. São Paulo: Abril Cultural, 1996, p. 65-108.

ADORNO, Theodor. "Sobre Música Popular". In: *Adorno* (Col. Grandes Cientistas Sociais). São Paulo: Ática, 1994, p. 115-146.

AGUIAR, Joaquim Alves. *Música popular e indústria cultural*. Campinas: UNICAMP, 1989. (Dissertação de Mestrado)

ANTUNES, Arnaldo. *40 escritos*. São Paulo: Iluminuras, 2000.

BARBERO, Jesus. *Dos meios às mediações*. Rio de Janeiro: Editora UFRJ, 1997.

BEHAGUE, Gerard. "Bossas and bossas: recent changesin brazilian urban popular music".In: *Ethnomusicology*, XVII / 2, may 1973, p. 217-218.

BOURDIEU, Pierre. *O poder simbólico*. Rio de Janeiro: Difel, 1994.

CANCLINI, Nestor. *Culturas Híbridas. Estratégias para entrar e sair da modernidade*. São Paulo: EDUSP, 1998.

CHANAN, Michael. *From Haendel to Hendrix: the composer in the public sphere*. London: Verso, 1999.

CHAPPLE, S. & GAROFALO, R. *Rock'n Roll is here to pay: the history and politics of Music Industry*. Chicago: Nelson Hall, 1977.

CLARKE, Donald. *The rise and fall of popular music*. Viking/, London: Penguin Books, 1995.

COELHO, Teixeira. *Dicionário crítico de política cultural*. São Paulo: Iluminuras / FAPESP, 1999.

CONTIER, Arnaldo. "Edu Lobo e Carlos Lyra: o nacional e o popular na canção de protesto". *Revista Brasileira de História*, 18/35, ANPUH / Humanitas, 1998, p. 13-52.

CONTIER, Arnaldo. "Música no Brasil: História e interdisci-plinaridade". IN: História em debate. Atas do XVI Simpósio Nacional de História, ANPUH/CNPQ, Rio de Janeiro, 1991, p. 151-189.

DE CERTEAU, Michel. *A invenção do cotidiano*. Petrópolis: Vozes, 1994.

DIAS, Márcia Tosta. *Os donos da voz*. São Paulo: Boitempo Editorial, 2000.

DONAS, Ernesto. "Problematizando la cancion popular: un abordaje comparivo y sonoro de la canción latinoamericana comprometida desde los años 60". Actas Del V Congreso IASPM- Latinoamerica, Rio de Janeiro, 2004 (w.ww.unirio.br/mpb/iaspmla2004)

FAVARETTO, Celso. *Tropicália: alegoria, alegria*. São Paulo: Ateliê Editorial, 1996 (2ªed.).

FRITH, Simon. *Performing rites. Evaluating popular music*. Oxford /New York: Oxford University Press, 1998.

GARCIA, Walter. *Bim Bom: a contradição sem conflitos de João Gilberto*. Rio de Janeiro, Paz e Terra, 1999.

GONZALEZ, Juan Pablo. "Estrategias para entrar y permanecer em la musicologia popular". Actas Del V Congreso IASPM-Latinoamerica, Rio de Janeiro, 2004 (w.ww.unirio.br/mpb/iaspmla2004)

HALL, Stuart & WHANNEL, Paddy. *The popular arts*. London: Hutchinson, 1964.

HIRSCH, Paul. "Precessing fads and fashions: an organizational set analysis of cultural industry systems". In: *American Journal of Sociology*, 77, 4, p. 639-659.

MANUEL, Peter. "Salsa and the music industry" In: Manuel, P. (ed.). *Essays on Cuban Music*. Lanham: University Press of América, 1991.

MIDDLETON, Richard. *Studying popular music*. Philadelphia: Open University Press, 1990.

MORAES, José Geraldo V. "História e música: canção popular e conhecimento histórico". *Revista Brasileira de História*, 20/39, ANPUH/ Humanitas / FAPESP, 2000, p. 203-222.

MORELLI, Rita. *Indústria fonográfica: uma abordagem antropológica*. Campinas: Ed. Unicamp, 1991

MOURA, Roberto. *Tia Ciata e a pequena África do Rio de Janeiro*. Rio de Janeiro: Funarte, 1983.

NAPOLITANO, Marcos. *Seguindo a canção: engajamento político e indústria cultural na MPB (1959/1969)*. São Paulo: Ed. Anna Blume/FAPESP, 2001.

NAPOLITANO, Marcos & WASSERMAN, Maria Clara. "Desde que o samba é samba: a questão das origens no debate historiográfico sobre a música popular brasileira". *Revista Brasileira de História*, 20/39, ANPUH/ Humanitas / FAPESP, 2000, p. 167-190.

NAVES, Santusa C. *O violão azul: música popular e modernismo*. Rio de Janeiro: Ed. Fundação Getúlio Vargas, 1998.

NEGUS, Keith. *Popular Music in Theory. An introduction*. Cambridge: Polity Press, 1999.

NORA, Tia de. "Beethoven e l'invention du gènie". *Actes de la Recherche en Sciences Sociales*, 110, Paris: Seuil, 1995.

ORTIZ, Renato. *A moderna tradição brasileira*. São Paulo: Brasiliense, 1988.

PAIANO, Enor. *O "berimbau" e o "som universal". Lutas culturais e indústria fonográfica nos anos 60*. São Paulo: ECA / USP, 1994. (Dissertação de Mestrado em Comunicação Social)

PERRONE, Charles. *Masters of contemporary brazilian song*. Austin: Universtity of Texas Press, 1989.

PETERSON, Richard. "La fabrication de l'autenticitè: la Country Music". *Actes de la Recherche en Sciences Sociales*, 93 , Paris: Seuil, 1992.

REGEV, Motti. *Popular music: the issue of musical value*. Paper, International Assoc. of Studies on Popular Music (IASPM), 1997 (digit).

RIESMAN, David. "Listening to Popular Music" IN: FRITH, S et all. (eds.). *On Record: rock, pop and written word*. London: Routledge, 1990, p. 5-13.

RYAN, J. & PETERSON, Richard. "The product image: the fate of creativity in Country Music songwriting". In: Ettema, J. et all. (eds.). *Individuals in mass media organizations*. London: Sage, 1982.

SANDRONI, Carlos. *Feitiço decente. Transformações do samba no Rio de Janeiro (1917-1933)*. Rio de Janeiro: Jorge Zahar Ed./Ed. UFRJ, 2001.

STRAW, Will. "Systems of Articulation, logics of change: communities and scenes in popular music". *Cultural Studies*, 5, 3, 1991, p. 368-388.

TATIT, Luís. *O cancionista. Composição de canções no Brasil*. São Paulo: EDUSP, 1995.

TINHORÃO, José Ramos. *Música popular: do gramofone ao rádio/ TV*. São Paulo: Ática, 1981.

TREECE, David. "A flor e o canhão: a bossa nova e a música de protesto no Brasil (1958/1968)". *História, Questões e Debates*. Assoc. Paranaense de História (APAH) / Programa de Pós-Graduação em História/ UFPR, 17/32, jan/jun 2000, p. 121-168.

Vários. *Brasil Musical. Uma viagem pelos sons e ritmos populares*. Rio de Janeiro: Art Bureau, s/d.

VASCONCELLOS, Ary. *Panorama da música popular brasileira*. São Paulo: Livraria Martins, 1964.

VENÂNCIO, Paulo. "Um pensamento musical". *Folhetim/Folha de S.Paulo*, 370, 19/02/1984, p. 9.

VIANA, Hermano. *O mistério do samba*. Rio de Janeiro: Jorge Zahar Ed., 1995.

WASSERMAN, Maria Clara. *Abre a cortina do passado. A Revista de Música Popular e o pensamento folclorista* (Rio de Janeiro, 195/ 56). Dissertação de Mestrado, Universidade Federal do Paraná, 2002.

WEBER, Max. *Fundamentos racionais e sociológicos da Música*. São Paulo: EDUSP, 1995.

WILLIAMS, Raymond. *Cultura e sociedade*. Rio de Janeiro: Zahar, 1970.

WISNIK, José Miguel. "Getúlio da Paixão Cearense". In: *O nacional e o popular na cultura brasileira (música)*. São Paulo: Brasiliense, 1983.

OUTROS TÍTULOS DA COLEÇÃO
História &... Reflexões

História & Imagem
Autor: Eduardo França Paiva

Eduardo Paiva traz-nos nesse livro uma temática importante para os nossos dias: a imagem. A história se faz com fontes e a imagem é uma fonte que oferece beleza e profusão de detalhes do passado; contribui, também, para o melhor entendimento das formas pelas quais, no passado, as pessoas representaram suas vidas e se apropriaram da memória, individual e coletivamente. Imagens são, e de maneira não necessariamente explícita, plenas de representações do vivenciado e do visto e, também, do sentido, do imaginado, do sonhado, do projetado. Essas figurações de memória integram a base de formação e de sustentação do imaginário social, com o qual, queiramos ou não, convivemos cotidianamente.

História & Livro e Leitura
Autor: André Belo

O livro de André Belo conduz-nos através de um campo em que são inúmeras as produções sobre a história do livro e da leitura, nas quais se cruzam, dentre outras, a teoria da literatura, a literatura comparada, a sociologia da leitura, a história das idéias, a história da educação. Ler em um livro a história do livro, faz-nos entrar no debate atual e incessante sobre o seu futuro: resistirá o livro à Internet e aos apelos da leitura fragmentada e distanciada? O que podemos aprender com os livros de nossos antepassados que sem cessar nos interpelam através de imagens no cinema, em pinturas ou em outros livros? Como terá sido quando Gutenberg criou a imprensa e o mundo tornou-se menor e já – talvez um pouco – globalizado?

Qualquer livro do nosso catálogo não encontrado nas livrarias pode ser pedido por carta, fax, telefone ou pela Internet.

Rua Aimorés, 981, 8º andar – Funcionários
Belo Horizonte-MG – CEP 30140-071

Tel: (31) 3222 6819
Fax: (31) 3224 6087
Televendas (gratuito): 0800 2831322

vendas@autenticaeditora.com.br
www.autenticaeditora.com.br

Este livro foi composto com tipografia Times New Roman e impresso em papel off set 75 g. na Sermograf Artes Gráficas.